U0802019

识干家

企業閱讀　學以致用

世界500强
谈判内训课

招商 并购 工程项目 大宗采购

张长江◎著

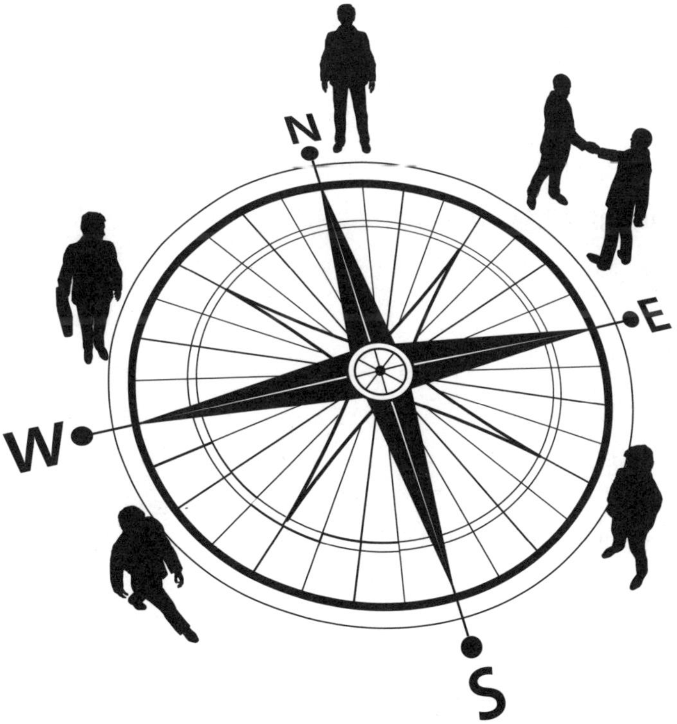

沈阳出版发行集团
沈 阳 出 版 社

图书在版编目（CIP）数据

世界500强谈判内训课：招商　并购　工程项目　大宗采购 / 张长江著. --沈阳：沈阳出版社，2022. 11

ISBN 978-7-5716-2790-4

Ⅰ. ①世…　Ⅱ. ①张…　Ⅲ. ①商务谈判-基本知识　Ⅳ. ①F715. 4

中国版本图书馆 CIP 数据核字（2022）第 197525 号

出版发行： 沈阳出版发行集团 | 沈阳出版社

（地址：沈阳市沈河区南翰林路 10 号　邮编：120011）

网　　址： http://www. sycbs. com

印　　刷： 河北宝昌佳彩印刷有限公司

幅面尺寸： 170mm × 240mm

印　　张： 13. 75

字　　数： 164 千字

出版时间： 2022 年 12 月第 1 版

印刷时间： 2022 年 12 月第 1 次印刷

责任编辑： 马　驰

封面设计： 仙　境

版式设计： 仙　境

责任校对： 王玉位

责任监印： 杨　旭

书　　号： ISBN 978-7-5716-2790-4

定　　价： 98. 00 元

联系电话： 024 - 24112447

E-mail： sy24112447@163. com

商业组织间进行的谈判，诸如工程项目总承包协议谈判、原材料或装备采购合同谈判、企业并购谈判、技术转让合同谈判、商业地产及园区招商谈判等事项，不仅谈判标的金额大，还涉及多个谈判议题的统筹谋划，谈判周期也较长，我们把这种复杂的大型项目谈判统称为统筹型商业谈判。

本书就是帮助从事统筹型商业谈判的谈判者建立系统化思维框架，提升信息搜集能力、分析判断能力、策略规划能力和统筹执行能力的实战谈判方法论。

通过学习本书的相关理论和实战案例，读者可以全面而系统地掌握关于统筹型商业谈判的相关理论，形成灵活、务实、有效的谈判策略和谈判技巧体系，从弱势、被动的谈判者转变为强势、主动的谈判者。

本书的主要知识体系源自早些年笔者为跨国500强企业法国施耐德集团开发的一门关于商业谈判的培训课程。

施耐德集团的学员面对的客户往往是大型工商业用户及政府客户，与这些客户的谈判往往涉及数千万元甚至数亿元人民币的标的，还会涉及多个项目、多个议题、多个轮次的谈判，而针对这种大项目谈判的相关技能的培训课程在市面上凤毛麟角，学员的需求得不到有效的满足。

这门商业谈判课最终获得了施耐德集团学员的高度认可和广泛好评。历经几年的打磨，这门课程的体系越来越成熟、越来越受欢迎，笔者才萌生了付梓出版的想法。

本书的阅读对象主要是日常需要从事商业事务谈判、园区招商谈判、大宗商品采购合同谈判、企业并购合同谈判、技术转让合同谈判、工程项目总承包合同谈判、对外贸易合同谈判、大客户销售谈判的人员，其他有志于提升统筹型商业谈判能力的人士及高等院校的学生也可以参考本书。

无论你是商业精英还是职业经理人，谈判罗盘工具都可以帮助你轻松应对各种复杂的、具有挑战性的谈判场景。

目 录
contents

第一章　用“罗盘”指引统筹型商务谈判

第一节　单一议题谈判与统筹议题谈判

人类将谈判作为一门专门的学问进行研究的历史最早可以追溯至中国的战国时期（公元前 475 年—公元前 221 年）和西方的古罗马时代。中国战国时期的鬼谷子在专著中讲述捭阖之术（即沟通和说服之道），而第一本拉丁语谈判专著《致海伦尼乌斯论雄辩术》出版于公元前 80 年前后。

20 世纪中后期，随着全球商业贸易活动的日益频繁，人们对谈判的作用越来越重视，对谈判策略与谈判技巧的研究也逐渐深入。哈佛大学商学院、耶鲁大学管理学院、美国沃顿商学院等知名大学都先后开设了谈判概论、谈判术、谈判学等专业课程，社会上也涌现出一大批专注谈判技巧研究的实战派学者。

1. 单一议题谈判

虽然市面上关于谈判技巧方面的书籍与课程汗牛充栋，但大多数技巧针对的是个体与个体之间，只涉及谈判议题较少和谈判金额较小的谈判场景，我们把这种相对简单的谈判称为单一议题谈判。

单一议题谈判基本上只涉及两个动作："谈"和"判"。

"谈"是指双方或多方之间的沟通和交流；"判"就是最后决定一件事情，做出一个判定。我们可以把单一议题谈判简单地理解为有目的的沟通、协商或讨论。

日常生活中的大部分谈判，包括买卖日常物品时买卖双方之间的谈判、孩子与父母之间的谈判、下属与管理者之间的谈判、邻里之间为了生活琐事而进行的谈判等，都属于单一议题谈判。

面对单一议题谈判，谈判者只需要掌握一些简单的沟通技巧和谈判策略就可以了。

例如，通过提问和倾听技巧的运用，谈判者可以深入了解对方的诉求；通过"开价高于实价"策略的运用，谈判者可以提出对己方有利的开局条件；通过"摆事实、讲道理"技巧的运用，谈判者可以证明己方诉求的合理性和对方诉求的不合理性；通过"以条件换条件"的让步策略的运用，谈判者可以促使双方各自做出一定程度的让步，并最终就某一方案达成共识。

2. 统筹议题谈判

商业领域、政务领域或外交领域的谈判，是与单一议题谈判完全不同的谈判类型。这些谈判会涉及更大的谈判标的、更广泛的专业知识、更多的利益相关方及更复杂的谈判条款。例如，两家打车软件公司达成战略合作协议。这场商业合并谈判涉及双方股权互换、个人股东权益、全球董事会席位、员工善后、合并后的运营模式等多个议题，前后历时三个月才达成最终的协议，谈判标的几十亿美元，合并后的公司估值高达数百亿美元。

为了与单一议题谈判相区别，本书把这种涉及更大的谈判标的、更广泛的专业知识、更多的利益相关方及更复杂的谈判条款的谈判统称为统筹议题谈判。

在单一议题谈判的场景下，谈判者仅需掌握在谈判桌上和谈判对手讨价还价的技巧就可以了，谈判者的精力分配原则是“三分谋划，七分沟通”。而要应对更复杂的统筹议题谈判，谈判者不仅需要掌握高超的沟通技巧，还要学会运用各种谈判桌之外的手段和力量改变谈判局势，谈判者的精力分配原则是“七分谋划，三分沟通”。

这是两种类型谈判本质上的区别。

第二节　谈判罗盘：制定策略、扭转局势

南宋吴自牧在他所著的《梦粱录》中写道：“风雨冥晦时，惟凭针盘而行，乃火长掌之，毫厘不敢差误，盖一舟人命所系也。”吴自牧所说的“针盘”就是航海罗盘。

罗盘，是中国古代发明的利用磁石指极性制成的指南仪器。自 13 世纪以来，古代的航海家就已经能熟练地利用航海罗盘来确定航船的位置，指引航船行进的方向。航海罗盘的出现，使人类第一次可以在茫茫大海上实现航行自由，并最终引发了 15－17 世纪的地理大发现。

将能够左右谈判局势的关键要素集成在一个“罗盘”工具上，就方便谈判者通过观察这些要素的变化来看清谈判形势，继而通过主观努力改变谈判形势，获得谈判优势，达成理想的谈判结果。

在大多数统筹型商业谈判的场景中，谈判者需要围绕以下十个关键成功要素来制定谈判策略，我们把这十个关键要素集成为谈判罗盘

（见图1－1）。只要谈判者按照罗盘指引的方向来思考和行动，就能在谈判中“运筹帷幄，决胜千里”。

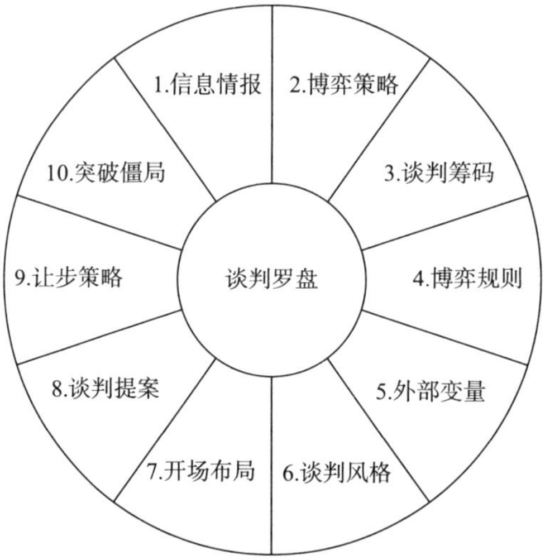

图1－1　谈判罗盘工具

谈判罗盘工具的运用，有助于谈判者解决如下困惑和问题：

（1）如何进行信息情报的搜集？

（2）如何根据谈判形势制定博弈策略？

（3）弱势谈判者如何创造谈判筹码？

（4）强势谈判者如何主导谈判规则？弱势谈判者如何改变谈判规则？

（5）弱势谈判者如何通过引入外部变量改变谈判局势？

（6）如何在谈判中根据谈判目标选择合适的谈判风格？

（7）如何进行谈判开场布局以实现先声夺人？

（8）如何设计出双赢的谈判提案？

（9）如何通过合理的让步策略达成谈判双方的共识？

（10）当谈判陷入僵局时如何突破僵局，最终与谈判对手达成合作？

在谈判实践中，谈判者如何运用谈判罗盘工具判断谈判局势、制定谈判策略呢？下面这个案例可能有助于大家理解谈判罗盘的价值。

案例1－1：EPC总承包项目未按图纸施工，面临业主方巨额索赔，如何运用谈判罗盘设计谈判策略，化险为夷

国内某建筑行业央企项目A公司中标东南亚某工厂的EPC总承包项目，中标金额为1.2亿美元。

在该项目厂区道路施工子项目的质量验收中，业主方发现钢筋位置与设计图纸不符，于是以此为由要求承包商A公司返工重建，并承担因为返工而导致的工期延误损失。

一旦承包商A公司按业主方的要求全部返工，工期至少需要延长5个月，返工的成本还要额外增加约2750万美元，可能还需向业主方另行支付因工期延误而导致的赔偿金2000万美元。

为了应对接下来的谈判，承包商A公司的决策层运用谈判罗盘工具对谈判局势做了一个系统化的分析，并制定如下谈判策略。

A公司针对东南亚某工厂的EPC总承包项目质量纠纷的谈判策划书

一、前期搜集到的信息情报

业主方为高新材料生产企业，如果正常生产，每年的净利润约3000万美元，一旦工厂无法准时开工，每月的直接经济损失约为250万美元，业主方提出的2000万美元的延误赔偿金不合理。

另外，业主方新建工厂生产的高新材料产品属于创新型产品，当时的外部市场行情非常好，甚至一度出现供不应求的局面。但业主方的主要竞争对手也在东南亚另一个国家兴建同样的产线，一旦对手的产品早于他们上市，可能会立即抢占周边市场，使他们处于被动地位。

二、博弈策略的总体原则

考虑到后续项目的合作，我们希望本项目实现“正和博弈”的目标，所以选择“双赢”策略。

三、谈判双方的谈判筹码分析

业主方的谈判筹码主要有以下两个：

· 施工方确实未按设计图纸施工，证据确凿。

· 当时业主方尚未向总包方支付工程款，验收不合格，业主方可以拒绝付款。

我们的谈判筹码主要有以下四个：

· 经我司的专家按照合同约定质量标准进行计算和测试，虽然钢筋位置与设计图纸不符，但路面质量完全符合工程质量要求。

· 因为担心错失市场先机，业主方高层决策者无法接受延期 5 个月，哪怕是在施工方真的支付了 2000 万美元赔偿金的情况下。

· 业主方对我司其他子项目的验收都比较顺利，双方有一定的信任基础。

· 如果双方因为此事僵持不下走法律程序，我司可以提出全面停止后续的施工，这将会给业主方造成更大的损失。

四、改变谈判规则的策略

因业主方首先提出索赔要求，所以谈判规则的制定权在业主方，如果不愿意接受这个条件，我司就必须改变谈判规则，制定新的谈判规则。

五、主动引入外部变量策略

考虑将母公司和第三方检测机构作为第三方引入谈判，增加我司的谈判筹码。

六、谈判风格运用策略

根据谈判对象和谈判目标的需要，我司拟选择合作型的谈判风格与业主方展开谈判（关于合作型谈判风格的定义请见第七章相关内容）。

七、谈判开场布局策略

根据谈判形势需要，业主方可能会采取低调氛围开局，我司需要将谈判氛围扭转为自然氛围。在谈判正式开始前，我司首先与业主方就谈判的总体原则——双赢合作达成共识，然后将我司关注的议题列入谈判议程：

（1）道路质量标准问题。

（2）工期问题。

（3）延长质保的问题。

（关于谈判氛围和谈判议题的相关内容请见本书第八章相关内容）

八、对我司最理想的谈判提案

在这场施工质量纠纷中，业主方和我司虽然因为“未按图纸施工问题”产生了较为严重的冲突，但双方的共同利益也比较明显，即在项目品质满足合同约定的前提下，项目如期竣工投产，抢占市场先机。

以谈判双方的共同利益为大前提，我司最理想的谈判提案是：

· 邀请业主方或第三方权威机构对路面质量进行测试和验证，测试和验证费用由我司承担。

· 如果路面工程质量达到合同约定标准，则无须返工，我司确保项目如期完工，并且可以对路面质量提供延长 3 年质保期的保证。

·如果路面工程质量达不到合同约定标准，我司会尽快按设计要求返工，并承担延期5个月的利润损失1250万美元。

九、让步策略

考虑到业主方在谈判中较为强势，我司的让步方案为：

力争方案：在质量达到合同约定标准的情况下不返工，承包商A公司承诺项目提前半个月竣工交付，由A公司在项目竣工投产后的20年时间里对厂区道路的质量进行担保。一旦后期道路质量出现问题，A公司提供免费维修保养服务，A公司的母公司为协议履约提供担保。

底线方案：在质量达到合同约定标准的情况下不返工，承包商A公司承诺项目提前一个月竣工交付，同时由A公司在项目竣工投产后的20年时间里对厂区道路的质量进行担保。一旦后期道路质量出现问题，A公司提供免费维修保养服务，A公司的母公司为该项协议的履约提供担保。

十、突破僵局的策略

一旦谈判陷入僵局，应对措施如下：

（1）策略性僵局：如果谈判对手故意制造僵局，我司应以合作的态度耐心应对，甚至可以暂停谈判，等待转机。

（2）情绪性僵局：秉承“先处理心情，再处理事情”的原则，先使自己和谈判对手冷静下来，再将谈判重新拉回到正常的轨道上。

（3）实质性僵局：提出新的谈判提案，或引入母公司，或第三方权威机构进行调停。

（关于如何突破谈判僵局的详细内容请见本书的第十一章）

双方经过几轮协商之后，考虑到工期延误确实会给自己带来较大的损失，业主方同意了承包商A公司的力争方案，即在质量达到合同约定标准的情况下不返工，承包商A公司承诺项目提前半个月竣工交付，由A公司在项目竣工投产后的20年时间里对厂区道路的质量进行担保。一旦后期道路质量出现问题，A公司提供免费维修保养服务，A公司的母公司为协议履约提供担保。

最终，通过实施上述方案，承包商A公司最大限度地减少了己方的损失，业主方的项目提前半个月竣工投产，新产品比对手提前两个月上市，抢占了市场先机，后期产能饱满，获得了非常理想的投资回报。

在很多与上述案例类似的“统筹议题谈判”场景中，有错在先的一方往往会因为“当局者迷”而惊慌失措，不断妥协，不断让步，最终使己方不得不独自承受巨大的利益损失。而运用了谈判罗盘工具之后，谈判者就可以从客观角度理智而冷静地观察谈判局势，从而使自己从“当局者迷”变成“旁观者清”，最终做出正确的判断和决策，创造双赢的谈判结果。

谈判罗盘工具是一个具有广泛适用性的谈判思维工具和谈判规划工具，它可以在以下三个方面给经常面对统筹议题谈判场景的谈判者提供支持：

（1）帮助谈判者抓住影响谈判结果的关键要素和主要矛盾。

（2）从全局性的视角帮助谈判者穿透重重迷雾，看清谈判局势，从“当局者迷”的状态转变成“当局者清”的状态。

（3）使谈判者能准确把握建立谈判优势和扭转谈判局势的机会点，使己方的谈判态势从处于相对劣势的谈判者转变为具备相对优势的谈判者，从谈判桌上相对被动的一方转变为相对主动的一方，轻松应对各种各样的统筹议题谈判。

谈判罗盘工具的适用性非常广泛，它不仅适用于企业之间的商业谈判（诸如买卖合同谈判、技术转让或引进协议谈判、总承包项目合同谈判、商业并购谈判、法律纠纷谈判等），还适用于政府事务谈判（诸如招商引资谈判、政府采购谈判、征地补偿谈判等）或外交事务谈判（诸如国际贸易谈判等）。

在本书接下来的章节中，我将从信息情报、博弈策略、谈判筹码、博弈规则、外部变量、谈判风格、开场布局、谈判提案、让步策略及突破僵局十个维度为读者深入解析谈判罗盘工具的实战方法论，并通过大量的实战案例帮助读者理解谈判罗盘的内在机理和运用技巧。

自谈判罗盘工具问世以来，帮助了很多从事统筹议题谈判工作的谈判者成为各个领域的谈判专家。由衷期待每一位读者都成为谈判罗盘工具的终身受益者，成为生活圈和生意场上的谈判达人，享受谈判带来的无穷乐趣。

第二章　在谈判时“知己知彼，百战不殆”

第一节　谈判前搜集信息情报很重要

一般来说，每一场谈判都可以被看成是谈判双方的一次博弈，而信息情报是谈判双方不可或缺的博弈要素。如果参与谈判博弈的局中人有一方可以通过各种渠道获取比另一方更多的决策信息，或者可以使用虚假的信息使另一方受蒙蔽，那么这一方就可能通过信息不对称获得博弈优势。

诸葛亮为掩饰自身实力空虚而对司马懿使用了“空城计”，吓退司马懿十五万大军的故事，以及二战时期盟军使用充气橡胶坦克、木板做成的飞机、子虚乌有的第一集团军及虚假的电报使希特勒相信盟军准备在法国加来港登陆的故事，都是利用信息不对称获得博弈优势的经典案例。

1. 如何理解信息情报的概念

控制论的创始人维纳（Norbert Wiener）认为：信息是反映客观事物状态和运动特征的一种普遍形式，是人们在适应外部世界和改造外部世界过程中同外部世界进行互相交换的内容和名称。信息既不是能量，也不是物质。

信息论的奠基人香农（Claude E. Shannon）则认为：信息是事物普遍联系的方式，是能够用来消除不确定性的东西。

以各种形式记录存储的数字、文字、声音、图像等内容是数据，把数据按照一定的方式进行处理和分析之后得到的成果才是信息。**对信息进行进一步的加工和提炼，直至输出可以直接指导决策的内容，就是情报。**

2. 数据、信息、情报都是信息情报

比如在进行一场并购谈判之前，收购方需要搜集被收购方财务方面的信息情报。仅凭财务报表上公开的利润、资产、负债等数据，收购方是无法判断这家公司真实的经营状况的。所以，收购方需要找专业的会计公司对这些数据进行处理加工，运用一些财务分析工具，比如资产负债率、流动比率、速动比率等指标深入了解该公司真实的经营状况，资产负债率、流动比率、速动比率等指标就是信息。如果再把这些信息与行业内其他标杆企业的类似信息进行对比分析，最终输出的成果就是情报。

每一个谈判者在谈判准备阶段最重要的工作就是搜集与谈判相关的信息情报。一旦谈判者及时、准确地获取了相关信息情报，谈判者就能依靠这些信息情报在谈判博弈中获得巨大的博弈优势。

在没有掌握充分而准确的信息情报的情况下，就贸然与谈判对手谈判，无异于“盲人骑瞎马，夜半临深池”，最终结果可想而知。在谈判之前就掌握了充足信息情报的谈判者，则可以“知己知彼，百战不殆”。

案例 2-1：绝不降价的中国机床制造商，凭什么拿到美商机床订单

2018 年，中国某大型机床制造商的谈判代表在美国洛杉矶市与一家美商就机床出口合同展开谈判。美商要求的交货期非常短，给出的价格却非常低，中国企业不肯让步，致使谈判陷入僵局。

此后，中方谈判代表通过内线得到一个非常重要的情报：参与此项目竞争的企业除了自己，还有两家企业。根据以往的经验判断，这两家企业的供货周期肯定无法满足美商的要求，而美商又与自己的最终客户签订了供货协议，交货周期短且不可更改。一旦美商无法按时交付，将面临巨额的索赔，所以表面上美商在和三家供应商谈判，其实真正能满足美商交期需求的只有自己一家企业。

中方谈判代表根据这一重要情报设定了决不降价和拖延谈判时间的谈判策略，谈判一度陷入僵持状态。

两周以后，在终端客户不断施压的情况下，美商无计可施，只能接受中方的报价。

第二节　搜集信息情报的原则

1. 贯穿谈判的全过程

谈判过程中的信息情报搜集工作是持续进行的，贯穿谈判的全过程。

在谈判开始之前，谈判者需要全方位了解谈判对手，需要对谈判的内外部环境的发展趋势进行分析和预判；在谈判过程中，谈判者需要对谈判对手的言行和举止进行观察、分析，了解谈判对手的真实想法；在谈判结束后，谈判者需要密切关注谈判对手和竞争对手的动向，把握机会，避免威胁。

2. 随着谈判进程不断更新和迭代

商场如战场，形势瞬息万变，商机稍纵即逝。谈判者只有随时关注谈判进程，并随着谈判的推进而不断更新信息情报，才能做到随机应变。

曾经有一家墨水制造商，与其大客户——某知名打印机制造商洽谈共同开发一种新型速干墨水，以提高打印机的打印效率和打印品质。经过几轮谈判，双方达成合作意向，墨水供应商开始投入资源研发这种速干墨水。几个月后，当他们兴冲冲地带着新型速干墨水给客户做展示的时候，意外发现该客户的另外一家供应商已经针对打印机的某个部件进行改进升级，使打印机使用普通墨水也可以实现速干功能。

墨水供应商因为未能及时掌握潜在竞争对手的动态，而使前期研发的投入打了水漂。

3. 情报并非越多越好，但要足够做决策

在信息爆炸的时代，海量信息带来的低效和混乱甚至要比缺乏信息更可怕。更多的信息情报，往往也意味着更多的时间、精力甚至金钱成本。所以，信息情报对谈判者来说并非越多越好，而是足够就好。所谓足够的信息情报，就是指谈判者拥有的谈判信息恰恰足以帮助其从几个关键维度对事物做出正确的判断。

有一位女士经人介绍认识了一位非常优秀的男士，这位男士比女士大两岁，身高1.8米，身体健康，长相阳光，硕士毕业，在一家大型集团公司从事技术方面的工作，有车有房，性格也非常好。这位女士对这个男生的各个方面都比较满意，经过三个月相处之后就与这位男士结婚了。

婚后没多久，女士偶尔看到这位男士去医院就诊的病例，发现这位男士患有某种先天性遗传疾病，可能导致今后两人无法生育出健康的子女，女士因此向男士提出离婚，刚刚组建的小家庭就此破裂。如果该女士对男士进行婚前考察期间，能够意识到未婚夫的健康情况也是一种关键信息，也需要搜集并验证，完全可以避免后面的麻烦。

4. 确保信息情报的可靠和真实

虚假的情报和失真的信息会严重损害谈判者的利益，导致谈判者陷入满盘皆输的危险境地。虚假和失真的信息情报比没有信息情报更可怕。

几年前，某地产商在一个非常偏僻的海岛上开发了一个楼盘，楼盘周边荒无人烟，基本没有像样的配套设施。为了吸引购房者前来投资，他们利用各种自媒体散布小道消息，声称该岛几年后可能会划归某一线城市，还要通地铁。很多购房者被这些虚假信息欺骗，花了上百万购入房产，现在这些楼盘价格打对折都无人接盘。

为确保信息情报的可靠性和真实性，谈判者应该从信息来源、信息传递的途径、信息加工处理的方法等方面对信息的品质进行把控，并尽量将通过不同渠道获取的信息进行交叉对比和验证。

从信息来源看，权威机构提供的数据资料要比小道消息更可靠；从信息传递的途径看，一手数据要比经过处理的二手数据可靠；从信息加工处理的方法看，专业机构运用专业分析手段获取的信息要比非专业机构提供的信息可靠。

第三节　信息搜集的三个方向

谈判前期信息情报搜集，应该从三个方面展开，分别是知己、知彼、知外部环境。

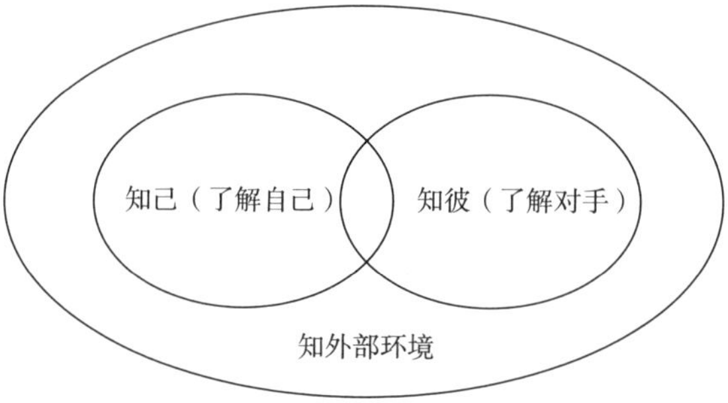

图2－1　信息搜集的三个方向：知己、知彼与知外部环境

1. 知己

所谓知己，就是要求谈判者在谈判之前先掌握组织内部的信息，搞清楚组织自身的处境，深入了解高层决策者的想法，并与高层决策者达成共识。

几乎所有的谈判方案和谈判策略都是基于谈判者对自身处境的认识，并依照组织高层决策者的要求制定出来的。如果谈判者在谈判前既不了解自身的处境，也没有与高层决策者就谈判方案和谈判策略达成共识，就像一艘既没有船长也没有罗盘的船贸然驶进汪洋大海，最终的结果必然是随波逐流，迷失方向。

案例2－2：项目经理的谈判计划为什么被老板否了

几年前，某民营建筑施工承包商N公司承接了X房地产公司的一个住宅项目。

因双方在工程中针对设计变更导致施工量增加的问题出现一些争议，工程完工后双方一直未能就工程价款结算达成一致性意见。后期房地产公司需要N公司配合办理大产权证，要求N公司尽快出具一张工程款已完成结算的证明。

N公司项目部经理认为：可以利用这个机会要挟地产公司尽快就工程结算金额问题达成协议，于是以项目部的名义向地产公司发了一封公函，催促地产公司尽快完成结算金额的确认并进行结算，结算完毕后就可以开具完成结算证明。

地产公司的老板收到N公司项目部发的公函之后非常气愤，立即约见N公司老板，表示如果N公司的项目经理以结算证明要挟自己，今后就不会与该承包商合作了。

N公司老板为此事窝了一肚子火，认为项目经理未与公司高层商议就擅自以结算证明要挟长期合作的老客户，损害了公司的长远利益。此后，N公司老板撤换了该项目经理，并给房地产公司办理了结算证明。

办完了这个住宅项目的大产权证之后，地产公司便不再受N公司的制约，在后期的工程决算谈判中占了很多便宜。

在上述案例中，导致承包商N公司老板和项目经理产生意见分歧的根本原因，是双方并未就此次谈判的核心利益诉求在谈判前进行充分沟通并达成共识。在项目经理看来，以结算证明要挟地产商有利于公司在解决该住宅项目施工量争议方面获得主动权，是在为自己的老板排忧解难，争取利益。而在N公司老板看来，这是“杀鸡取卵”的短视行为，势必影响公司的长期利益，是不可取的。

如果项目经理事先与老板沟通了自己的想法，深入了解老板对这件事情的看法，也许会基于公司的长期利益重新制定谈判策略，自己也可以免遭被撤换的厄运。

在复杂的外交、贸易和商业谈判中，谈判者应在谈判之前与组织内部的决策者和专业人员进行充分的沟通和交流，获取更多的内部信息和专业情报，并依靠这些内部信息和专业情报设计谈判方案和谈判策略。如果在谈判之前谈判者无法在内部达成共识，容易被对手分化瓦解，各个击破，导致谈判策略无法有效实施。

为了实现知己的目标，谈判者应该在谈判前着重了解以下七个方面的信息：

（1）与本次谈判项目相关的信息，比如己方的核心利益诉求、来自内部与外部的压力、重要的时间期限、内部其他部门与谈判对手的合作关系等。

（2）组织的高层决策者对本次谈判的期望及本次谈判的目标。

（3）己方内部的规章、制度及相关流程。

（4）己方的谈判筹码，包括支持谈判诉求的理由、可以给予对方的奖赏及可以给予对方的惩罚。

（5）己方谈判小组成员的经验、特点、专长及分工情况。

（6）己方谈判小组可以获得的谈判权限。

（7）与谈判对手谈判不成功的时候是否有其他备选谈判方？其他备选谈判方是否能满足己方的核心利益诉求？

在商业并购项目谈判之前，谈判代表应着重了解本公司董事会对本次谈判设置的预期和底线，以及本公司董事会为本次并购准备了多大额度的现金，向本公司或外部法律专家咨询与本次并购相关的法律条款，向本公司或外部人力资源专家了解并购之后的员工安置政策等。

在招商谈判之前，谈判代表应着重了解本公司目前有哪些商业设施或土地空置，目前这些商业设施或土地的状态，是否有其他公司也中意这些商业设施或土地，未来公司还准备针对这些商业设施或土地做哪些投资，政府或本公司是否有针对这些商业设施或土地的免税政策等方面的信息。

在销售谈判之前，谈判代表应事先了解本公司的商品库存情况、生产线产能情况、产品原材料供应情况、价格调整情况、技术工艺设计周期等相关信息。

2. 知彼

所谓知彼，就是准确把握有关谈判对手的信息情报。

搜集谈判对手的信息情报，要做到既有广度又有深度，既不能粗枝大叶、以偏概全，又不能浅尝辄止、浮于表面。

英国著名哲学家佛朗西斯·培根在《论谈判》一文中写道：“假如你要影响任何人，就必须知道他的性情和习惯，以便引导他；就必须知道他的目的和利益所在，以便劝诱他；就必须知道他的弱点和短处，以便恐吓他；就必须知道对他有影响的人物的存在，以便控制他。”

谈判者在谈判之前应该着重在以下七个方面搜集谈判对手的信息：

（1）与谈判对手组织相关的基本信息，包括企业性质、企业规模、经营状况、信誉等级、发展规划、管理模式、规章制度等。

（2）与本次谈判项目相关的信息，比如他们的核心利益诉求、来自内部与外部的压力、重要的时间期限、他们忌讳或顾虑的事情等。

（3）谈判对手手里掌握的谈判筹码，包括支持谈判诉求的理由、可以给予我方的奖赏手段、可以给予我方的惩罚手段。

（4）谈判对手谈判小组成员的职位、职业经历与背景、谈判风格、兴趣爱好等个人信息。

（5）谈判对手谈判小组可以获得的谈判权限范围，以及是否存在第三方力量可以影响或控制谈判对手的决策。

（6）谈判对手是否有其他备选谈判方？这些备选谈判方是否能满足谈判对手的核心利益诉求？

（7）关于谈判对手其他方面的信息，诸如宗教信仰、风俗习惯、文化传统、商业惯例等。

在很多重大的商务谈判中，能否及时、准确地搜集到关于谈判对手的信息情报，会对谈判结果产生严重影响，绝对马虎不得，否则就会导致“失之毫厘，谬以千里”的严重后果。

案例2-3：中国台湾某集团收购日本某品牌案，一份情报导致收购价格下降45%

2012年，中国台湾某集团就有意收购日本知名某品牌电气公司。但由于当年日本该公司业绩未达到投资者预期导致股价暴跌，该集团一度放弃了收购的想法。

2016年，该集团再次对收购日本某品牌表现出兴趣，并提出计划以7000亿日元进行收购。就在日本某品牌董事会准备与该集团签约之际，该集团突然提出暂时中止谈判。原因是该集团的谈判团队发现日本某品牌刚刚提交的一份财务文件中显示还有3500亿日元的潜在债务，这些债务此前并不在该集团的认知范围内。

2016年3月，在针对日本某品牌的潜在债务问题进行了重新审计和多轮谈判之后，该集团最终以3890亿日元完成对日本某公司的收购，收购价格只有原价格的55%。

在走向谈判桌之前，准确获取关于谈判对手的信息情报，不仅有助于谈判者在谈判前看清形势，设定合理的谈判目标和谈判方案，还有助于谈判者准确发现谈判对手的“软肋”，并以此作为突破口一举打破谈判僵局，扭转谈判局势。

电视连续剧《谈判专家》中有这样一个情节：

一名男子为了抗议香港特区政府的拆迁行为，挟持了一名人质，并且手持煤气罐声称要与人质一起自焚。于是，警方迅速派出谈判专家与其进行面对面的沟通。

一开始，该男子抱着必死的决心，一心要与人质玉石俱焚，根本不想和谈判专家沟通，谈判一度陷入僵局。

后来，谈判专家通过警方的户口信息查询得知：该男子刚刚丧偶，但家里还有一个年幼的女儿。于是，谈判专家迅速派人联系到他的女儿，让这名男子的女儿给该男子打电话。

当该男子拿起电话，听到电话另一头年幼的女儿哭着喊出“爸爸，我好想你”的时候，男子的心理防线彻底瓦解，最终放弃抵抗。

在这场惊心动魄的谈判中，“得知劫匪有一个年幼的女儿”就是帮助谈判专家扭转谈判局势的关键性信息情报。在得到这个关键性情报之后，“唤起犯罪嫌疑人对年幼女儿的牵挂”就成为警方的谈判策略。

在商业谈判中，谈判者也要善于通过信息搜集来寻找谈判对手的“软肋”。这些“软肋”可能包括以下几个方面：

（1）谈判对手最怕的是什么？

（2）谈判对手最不能失去的是什么？

（3）谈判对手组织或个人层面最薄弱的地方是什么？

（4）对谈判对手最具影响力或控制力的人是谁？

……

案例2-4：中国W公司是如何利用准确的信息情报发现谈判对手“软肋”的

意大利F公司是一家全球知名的豪华游艇制造商，旗下拥有数个世界级游艇品牌，年营业收入逾9亿欧元。

2009年，金融危机席卷全球，豪华游艇行业遭受巨大冲击。此前过度举债的F公司陷入经营困境，濒临破产。2010年，随着债务危机的扩大，F公司已经走到破产清算的境地。F公司年届70岁的老CEO不甘心看着自己一手创立的企业被分拆拍卖，万般无奈之下决定出售部分股权，引入新的股东为品牌续命。

而中国的一家重工企业——W公司此时正想收购一家海外游艇制造商，一方面为自己刚刚收购的法国船用发动机生产商提供配套市场；另一方面也可以借此机会进入新行业和新市场，摆脱“产品单一、市场单一”带来的经营风险。

为此，W公司曾先后接触了17家全球知名的游艇制造商，但这17家公司要么规模和实力太小，要么股权结构复杂，都不是理想的收购对象，直到债务缠身的F公司出现在W公司项目负责人的视野中。

经过缜密的调研和分析，W公司认定F公司是所有潜在收购对象中最佳的收购标的。经过几次前期接触，双方开始就股权收购事宜启动谈判。2010—2011 年，W 公司的项目团队与 F 公司的高层决策者谈了整整一年，在双方即将签署协议之际，F 公司老 CEO 却突发心脏病去世，股权收购谈判一度陷于停顿。

此后，W 公司的项目负责人通过各种信息渠道得知：F 公司的债务问题远比想象中的复杂。因 F 公司曾经历两次债务重组且全部以失败告终，在双方开始谈判之前 F 公司实际上已被包括一家英国银行和一家意大利银行在内的三家主要债权人托管，此前的谈判算是白费功夫了。

W 公司的项目负责人不甘心就此罢休，他们又陆续接触 F 公司主要的债权人，与这些债权人逐一进行谈判。这些债权人在谈判初期毫无诚意，甚至不愿意与 W 公司接触。

W 公司的项目团队通过对来自各方的信息情报进行综合分析之后，发现这些债权人的“软肋”：F 公司一旦宣布破产，所有债权人都要承担巨大损失，而此时债权人能接触到的有诚意的买家看起来很多，但真正有诚意的只有 W 公司一家。别看目前这些债权人目中无人、不可一世，后期他们必然会主动找上门。

不出所料，在 F 公司破产清算大限临近之际，前期与债权人接洽的买家基本上都消失了，找不到收购方的债权人都急了，他们纷纷降低了身段，开始主动与 W 公司的项目负责人接触。

对 W 公司最有利的谈判时机终于来临了。

2012 年 1 月，W 公司与 F 公司的三个主要债权人和股东经过数轮谈判之后达成最终协议：W 公司以 1.78 亿欧元的股权投资外加 1.96 亿欧元的贷款额度收购 F 公司 75% 的股权，而 F 公司现有债权人通过债转股及 2500 万欧元现金投资，获得 F 公司 25% 的股权。

债权、股权的事情谈完之后，W 公司还得再与 F 公司的管理团队谈判。

谈判一开始，F公司的高管们根本不拿正眼看W公司的谈判代表，谈判一度陷入僵局。此时，W公司的项目负责人突然站起来，以平静的语气表示自己对F公司深厚历史和企业文化的认同，F公司的高管们的注意力逐渐集中的时候，W公司的项目负责人却话锋一转，直指F公司即将走到破产清算的边缘，如果没有W公司的介入，在场高管手中原本价值数千万欧元的股权都会被银行悉数低价拍卖，最终不名一文。听完W公司项目负责人的陈述，F公司的高管们才放下高高在上的姿态，最终与W公司达成协议。

3. 知外部环境

所谓知外部环境，就是谈判者在开始谈判之前，应对外部环境的变化趋势，以及外部环境的变化给谈判双方带来的有利的和不利的影响做出准确的分析和判断。

这些外部环境因素的变化趋势，将会对谈判双方的谈判目标、谈判筹码、谈判提案、价格预期，甚至是最终的谈判结果产生较大的影响。

比如国际原油市场的原油期货价格持续上涨，可能导致某种材料未来的成本上升，这个外部环境因素既可以影响卖方的报价，也可以影响买方的价格预期。

行业某一巨头宣布新工厂将于下月投产，那么新工厂投产之后可能导致某种产品产能上升，价格下跌，那么这种预期也将会影响谈判双方的谈判目标和价格预期。

外部环境分析的要素包括宏观经济发展趋势、技术发展趋势、国际政治的变化趋势、国家的政策和法令颁布、国际大宗原材料市场的价格变化趋势、产业市场竞争格局、全球气候的变化趋势等。

第四节 信息情报搜集的两种手段

1. 正常的信息搜集手段

正常的信息搜集手段就是通过公开的信息渠道获取信息情报的方式，是谈判前信息情报搜集的主要手段。其信息获取渠道包括：

（1）政府相关部门、行业协会组织的官方数据。

（2）第三方机构提供的行业分析报告。

（3）谈判对手与竞争对手的官方信息。

（4）新闻媒体的公开报道。

（5）实地调查、现场观察与勘验。

（6）第三方市场调查公司的调查等。

1966 年，在中国宣布发现大庆油田的 7 年后，日本一家炼油设备厂商通过某画报的一幅新闻配图中烟囱和栏杆高度的比例，估算出几年之后大庆油田的炼油能力与原油产量的差距将达到数百万吨，并预测中国要么在国际市场上采购炼化设备，要么向国际市场出售原油。之后他们便派了两个贸易代表团与中国官方接洽，一个代表团谈原油采购，另一个代表团谈炼油设备出口，最终成功与中国签订了炼油设备的出口协议。

2. 非正常的信息搜集手段

非正常的信息搜集手段就是通过非公开的信息渠道获取信息情报的方式，是谈判前信息情报搜集的次要手段。其信息获取渠道包括：

（1）谈判对手内部的雇员。

（2）谈判对手的外部合作伙伴。

（3）对谈判对手的情况比较了解的行业协会或第三方机构等。

在应对稍微复杂的谈判局面时，谈判者往往需要组合使用正常和非正常两种信息搜集手段。

案例2-5：采购经理以“价格太高，无法合作”“再不降价就找其他厂商合作”的理由要求供应商降价，供应商如何应对

Bruce是一家化工原材料制造商的大客户销售经理。在与某塑胶管件制造商的采购经理进行价格谈判之前，他实地考察了这家客户的仓库库存情况，又通过该客户生产部门的人员了解到他们近期的生产计划安排情况。

结合上述信息，Bruce经过一番测算之后发现：如果该客户按照目前既定的生产计划进行生产，材料库存只够满足半个月的产能需求。此时，在该客户营销部门工作的一位朋友又告诉Bruce一个非常重要的信息：营销部门前几天又签了一个大订单，对方对供货周期的要求非常苛刻。

行业里面除了Bruce的公司，只有一家企业能在这么短的时间给他们供应如此大量的原材料。此后，Bruce又通过行业协会的朋友了解到：另外一家有能力给这家客户供货的竞争对手两天前生产装置出现故障，目前处于停产维修状态，预计两周后才能恢复正常生产。

在后期的价格谈判中，当客户方采购经理以“价格太高，无法合作”“再不降价就找其他厂商合作”等理由要求Bruce降价的时候，Bruce闭口不谈价格，而是反复强调公司在货期保障和产能保障方面的优势。

拖延三天后，客户方采购经理无法找到其他能满足短交期的供应商，而生产部门又不断催促采购经理，采购经理只好按照 Bruce 的最终报价与其签订了供货协议，此价格仅比 Bruce 给采购经理的初始报价优惠 1%，但要求客户的付款周期缩短了 1 个月。

在上述案例中，Bruce 之所以有不降价的底气，全因他在谈判之前就对谈判对手及竞争对手的情况进行了深入的了解和分析，并抓住了采购经理的“软肋”。

第五节　如何以寒暄或闲聊的方式摸清对方的底牌

在谈判中，谁能摸清谈判对手的底牌，谁就能掌握谈判的主动权。

在一场谈判正式开始之前，谈判者并非无事可做，而是要尽可能地利用那些稍纵即逝的机会，通过各种各样的方式对谈判对手进行“火力侦察”，从而摸清谈判对手的底牌。

为了防止谈判对手察觉谈判者的意图，这种摸底的事情要尽量隐蔽，比如可以通过寒暄的方式或者聊家常的方式进行。

战国时期，魏惠王以重金面向各诸侯国招贤纳士，于是有中间人将齐国政治家、思想家淳于髡（髡：kūn）介绍给魏惠王。魏惠王非常看重淳于髡的才干，于是两次安排单独见面，但淳于髡两次都与魏惠王闲聊，没有针对魏国的情况讲出自己的想法和建议。

魏惠王非常郁闷，找到中间人并责备他：“你一直说淳于髡才高八斗，治国的能力堪比管仲，可是我和他见了两次面，一点收获都没有。”

于是中间人去找淳于髡了解情况，淳于髡解释："第一次与魏惠王见面，得知刚好有人送他一匹骏马，他还没来得及看，所以心里痒痒的。虽然当时他在和我谈话，但他的表情却告诉我他一直想着那匹马。

"第二次见面，得知刚好有人送了他一位歌伎，他还没来得及看。虽然他在和我谈话，但他的表情却告诉我他一直想着那位歌伎。

"既然魏惠王心不在焉，和他谈什么也未必听得进去。"

中间人把淳于髡的原话转达给魏惠王，魏惠王对淳于髡佩服得五体投地，羞愧地说："淳于髡猜得太准了！第一次见面，我确实一直想着那匹马；第二次见面，我确实一直想着那位歌伎。"

于是，魏惠王再次安排与淳于髡单独面谈。淳于髡上来还是与魏惠王闲聊，在确认魏惠王这次没有杂念后，淳于髡与魏惠王聊了三天三夜也不知疲倦。

三次与魏惠王见面，淳于髡在正式谈话之前都做了同一件事情：以闲聊的方式了解魏惠王的所思所想，然后再决定要不要和他继续谈下去。

一般来说，一旦正式谈判，大多数谈判者在言辞表达和情绪表露方面变得十分谨慎，谈判双方通过语言或肢体语言的沟通来获得对方信息的难度会大大增加。所以，高明的谈判者往往会抓住谈判之前双方寒暄或闲聊的时机，在对方放松警惕的时候摸清对方的底牌。

案例 2-6：老练的林老板如何不动声色地通过闲聊摸清渠道经理小胡的底牌

某建材制造企业浙江渠道经理小胡初次到浙江，拜访杭州市知名的经销商林老板。林老板在杭州市从事建材产品经销代理业务20多年，阅人无数，见多识广。初次见面，林老板对小胡特别热情，亲自为小胡沏茶倒水，并和小胡寒暄起来。

林老板：“胡经理是第一次到杭州吗?”

小胡：“是的，以前没来过。”

林老板：“我记得以前贵公司负责浙江渠道的人姓王，他现在还在公司吗?”

小胡：“他上个月离职了，我过来接替他的工作。”

林老板：“小王以前也经常到我这里喝茶聊天，我们也谈过合作的事情，但价格政策和市场保护政策一直谈不拢。”

小胡：“是吗?交接的时候他没说这件事情。”

林老板：“这次你过来准备在杭州待几天啊?”

小胡：“准备待三天，还要去拜访其他经销商。”

林老板：“你还联系了哪些建材经销商?没准儿其中有我熟悉的，可以给你介绍相关情况。”

小胡：“我还联系了朱总和王总。”

林老板笑了，说：“朱总、王总和我都是老相识了。来，喝茶。”

接下来，林老板又问：“胡经理以前在哪家公司做?”

小胡：“我以前是做灯具的，在广东的一家企业。”

……

通过闲聊，林老板了解了小胡的哪些底牌呢?

(1) 小胡是一个初出茅庐的新手，与杭州其他经销商不熟，对建材业务也不熟。

(2) 小胡不太了解原来的浙江渠道经理的工作，也不太了解此前谈判的具体内容。

（3）如果谈合作，自己主要的竞争对手是朱总和王总。

第六节 如何以“红脸－白脸”的方式摸清对方的底牌

如果谈判双方都有两人以上参与谈判，只需要让己方人员轮流出场，就可以通过“红脸－白脸”的手段试探谈判对手的虚实。扮演“白脸”的人，在谈判开始时就提出对方很难接受的条件，并拒绝对方的提案；而扮演“红脸”的人表现出与对方达成合作的诚意，耐心倾听谈判对手提出的要求和理由。在场的其他人通过谈判对手面对“红脸”和“白脸”时表现出来的态度，就可以大概摸清谈判对手的底牌。

案例2－7：美国某铝业公司的“红脸－白脸”谈判策略

美国一家铝业公司与某供应商就一批矿山设备采购合同展开谈判时，总经理、副总经理和采购负责人鱼贯走进会议室。

一番寒暄后，扮演“白脸”的采购负责人首先发难，他以强硬的态度提出对方肯定无法接受的苛刻要求，并宣称如果对方不同意这些条件就无法合作，而总经理和副总经理在一旁冷眼旁观。

待双方僵持不下的时候，总经理便宣布暂时休会。

当谈判再次启动时，总经理和采购负责人保持沉默，改由扮演“红脸”的副总经理主谈。

副总经理在此轮谈判的初始阶段就表现出与对方达成合作的诚意，并耐心倾听谈判对手的要求和理由。

接下来，副总经理采用“步步为营”的策略与供应商耐心交流，在要求对方做出一定程度的让步的同时给予对方一定程度的让步，用于试探对方的底牌。

当谈判双方再次陷入僵局时，总经理便会再次宣布休会。

再次谈判，采购负责人和副总经理不再说话，由总经理主谈。由于在前两个回合中总经理一直扮演旁观者的角色，通过观察前两个回合的较量，他摸清了对方的底牌，在接下来的谈判中游刃有余。

如果谈判对手采取了“红脸－白脸”策略来试探你，该怎么应对？有三个方法：

（1）面对扮演“白脸”的谈判者咄咄逼人，要冷静从容、据理力争，不要着急做出让步。

（2）面对扮演“红脸”的谈判者，表现出合作诚意，但将主动权交给对方，看看对方会提出什么条件。

（3）在休会期间也对己方谈判小组成员进行分工，有人扮演“红脸”，有人扮演“白脸”，对对方的底牌进行反向试探。

第七节 如何通过制造虚假信息迷惑谈判对手

中国古代军事家孙子在其著作《孙子兵法》中写道：“兵者，诡道也。”其实，善于使用“诡道”的可不仅仅是军事家，还有谈判高手。在谈判过程中，谈判者不仅要善于通过寒暄、闲聊或多人轮流出场的方式摸清对方的底牌，还要想办法采取“示假隐真”“声东击西”等手段迷惑谈判对手，让谈判对手产生错觉或误判，进而做出错误的决策。

“示假隐真”“声东击西”策略运用的主要方法包括：

（1）散布虚假的消息迷惑对手。

（2）制造假象令对手产生误判。

（3）隐藏真相蒙蔽对手。

案例2－8：钢铁公司谈判代表如何使用“示假隐真”技巧使谈判对手误判局势

美国一家钢铁公司的谈判代表与一家钢材贸易商就一批冷轧卷板产品的采购合同在谈判桌上讨价还价，经过几个小时的沟通，双方仍没有就价格达成协议。

此后，钢铁公司的一位谈判代表接到了总部打来的电话，他一边接电话一边在本子上做了记录。通话结束后，这位代表立即要求暂停谈判，并召集己方人员离开谈判室，但并没有拿走那个记录着通话内容的本子。

几分钟后，钢铁公司人员返回谈判室，表示绝不低于那个价格。结果，双方就按钢铁公司提出的价格达成了协议。

原来，钢材贸易商趁钢铁公司的谈判代表离开会议室之际偷偷翻看了对方的笔记本，发现钢铁公司谈判代表故意遗漏在会议室的笔记本上潦草地写着：由于近期冷轧产品需求旺盛，库存一直降低，一周后公司决定提价10%。

运用各种手段迷惑谈判对手的同时，谈判者还要提防谈判对手“以其人之道，还治其人之身”，使用类似的手段迷惑自己。为此，谈判者应该做到以下三点：

（1）通过谈判对手的行为举止洞察其真实意图，切莫被表象迷惑。

(2) 全方位搜集信息并对来自各个渠道的信息进行交叉验证，防止“一叶障目，不见森林”。

(3) 使用“推”“挡”技巧验证对方的合作诚意及真实的心理预期。

第八节　如何运用“推”“挡”技巧验证对方的合作诚意及真实的心理预期

所谓“推”的策略，就是主动提出一种假设，观察谈判对手在这种假设前提下的反馈，然后再分析其底线所在；而“挡”的策略是委婉地拒绝对方提出的要求，用于试探对方的反应。“推”“挡”策略的运用有助于谈判双方通过短兵相接来摸清对方的心理预期，为后期的讨价还价搜集足够的信息，而又不至于使谈判破裂。

案例 2 –9：大客户销售经理与采购经理之间的“推”“挡”较量

办公室里，一家重载轴承制造商的大客户销售经理 Tony 正与某冶金设备制造商的采购经理 David 就年度采购合同进行谈判。在此次面谈之前，Tony 已经针对合同报出了 135 万美元的价格。

采购经理 David：“如果我们的采购量翻一倍，你们在 135 万美元报价的基础上最低能优惠多少？”（使用“推”的策略，试探对方的让步极限）

大客户销售经理 Tony：“抱歉。这个报价已经是实在价了。”（“挡”回来，试探对方的反应）

采购经理 David：“不瞒你说，另一个供应商上午刚给我们发了邮

件，如果我们的采购量翻一倍，他们将在初次报价的基础上再降3%。”（再次使用“推”的策略，试探对方的让步极限）

大客户销售经理Tony：“非常抱歉，因为年初原材料价格持续上涨，我们已经没有降价的余地。至于其他供应商，我觉得在确保质量的前提下很难有3%的降价空间，能做到不涨价已经不错了。”（再次“挡”回来，试探对方的反应）

采购经理David：“我觉得我们没必要谈下去了。”（再次使用“推”的策略，试探对方的让步极限）

大客户销售经理Tony：“尽管如此，还是感谢你对我们的一贯信任和支持。回去之后我会如实向公司高层汇报此次谈判的结果。如果公司高层认为为了今后的合作，可以给你适当的优惠，我会第一时间给你发邮件。”（再次“挡”回来，试探对方的反应）

采购经理David：“好的，那你尽快吧。”

经过谈判双方的一番“推”“挡”较量，采购经理David得出的结论是：只要有充足的耐心，Tony还是可以给予一定程度让步的，但优惠幅度肯定不会高于3%。而大客户销售经理Tony得出的结论是：David还是有诚意与自己公司合作的，但是需要给予一定程度的优惠，他们对于优惠幅度的预期在0～3%。

谈判结束的时候，双方都没有把继续谈判的“门”彻底关闭。

第三章　如何制定出最有利的谈判博弈策略

第一节　谈判的本质是博弈

喜欢下象棋的朋友都知道，高明的象棋棋手至少能看出五步棋。也就是说，他走出一步棋前，就已经看好了后5步的走法，以及对手可能采取的应对策略。如果是职业棋手，绝对不止看5步，而是能够掌控整个棋局，让对手只能按照他的意图行棋，并一步一步掉到他设计的陷阱。

谈判如对弈，谈判的本质就是博弈。

在与他人谈判时，谈判者要考虑到每一次出招都是有后果的，都会促使对手做出相应的反应。谈判者不仅应该站在己方的角度思考如何出招，更应该站在对方的角度思考对方会怎么应对你的出招，而你怎么应对对方的应对，直至整个谈判过程结束。

博弈论（Game Theory）就是专门研究在两方或多方竞赛或对抗且有既定规则约束的情况下，通过观察或猜测对手的出招策略，运用理性的分析和判断，及时调整己方的出招策略，达到己方利益最大化目标的一门学问。

早在2500年之前，中国就出现了《孙子兵法》这样的博弈论专著。而现代博弈论的发展，起源于1928年冯·诺依曼和摩根斯坦著述出版的划时代巨著《博弈论与经济行为》。

即使是一场再简单不过的博弈，也至少包含五个因素，这五个因素分别是参与者、资源或收益、决策信息、博弈策略和得失。

（1）参与者：两个或两个以上的参与者（Player）。

（2）资源或收益：参与者相互争夺的资源或收益（Resources/Pay-off）。

（3）决策信息：参与者要拥有必要的决策信息（Information）。

（4）博弈策略：参与者要有自己能够选择的博弈策略（Strategy），即针对某一个具体问题采取的应对手段及应对方法。在动态博弈行为中，除了策略还有行动，静态博弈中，策略和行动是等价的。

（5）得失：博弈最终产生的后果（Outcome）。

比如一对小夫妻晚上在家看电视，一个频道预告要播放丈夫喜欢看的NBA篮球赛，而另一个频道预告要播放妻子喜欢看的综合娱乐节目，而家里只有一台电视机，这样双方就产生了一场围绕“到底要看什么频道”这个利益冲突而展开的博弈。这种最简单的博弈模型也包含以下五个要素：

（1）参与者：夫妻二人是博弈的参与者。

（2）资源或收益：频道就是两个人争夺的资源或收益。

（3）决策信息：节目预告是双方的决策信息。

（4）博弈策略：双方可以采取的博弈策略有三个：一是与对方争吵，直至关掉电视，谁也看不成；二是说服对方跟随自己看节目；三是一个用电视看节目，另一个人用手机或平板看节目。

（5）得失：就是最终博弈的实际结果。

第二节　三种典型的博弈结果

人们进行谈判，是为了解决矛盾与冲突，也是为了化解“僵局”。既然被称为“僵局”，就意味着参与谈判的各方在利益诉求方面出现了针锋相对、互不相让的局面，每一方都想通过谈判寻求自身的利益最大化。在这种情况下，谈判最终会出现几种结果呢？答案是三种，即损人利己的零和博弈、损人不利己的负和博弈和双赢的正和博弈。

1. 损人利己的零和博弈

如果博弈双方中的一方所得即为另一方所失，博弈双方的收益和损失相加恒等于“零”，只能出现“你赢我输”“你输我赢”两种结果的博弈，即为零和博弈。

例如，你和朋友玩扑克，各出100元赌输赢。最终一个人拿走全部的200元，另一个人空手而归，这就是零和博弈。在多次重复博弈的情况下，如果持续出现零和博弈的结果时，双方很难建立长期合作的关系。

现实生活中很多现象都属于零和博弈。比如升学考试，招生名额是固定的，你被录取了我就没办法被录取，是典型的零和博弈；项目投标，中标人只有一个，你中标了就没我什么事儿了，也属于典型的零和博弈。

2. 损人不利己的负和博弈

负和博弈，是比零和博弈更坏的一种博弈结果，是指博弈双方博弈总收益为负数，即出现了两败俱伤的情况。在这种情况下，博弈双方都出现了不同程度的损失，但胜利一方取得的收益小于失败一方承受的损失。

例如，甲在高速公路上行驶时，无意中别到了乙的车，乙十分气愤，加速超过甲的车后又在甲的车前突然刹车，导致甲的车失控撞上护栏，车辆损毁，甲受伤住院。甲虽然获得了乙的赔偿和保险公司的赔偿，但因车祸落下终身残疾，而乙因危险驾驶罪被判入狱三年，并要赔偿甲一笔巨款。这就是典型的负和博弈，其结果是损人不利己。

在多次重复博弈的情况下，如果持续出现负和博弈的结果，双方很难建立长期合作的关系。

有的读者会问：如果零和博弈和负和博弈的结果都不能使双方建立长期合作的关系，什么样的谈判结果才能促使双方长期合作呢？答案就是第三种谈判博弈结果——双赢的正和博弈。

3. 双赢的正和博弈

如果我们能在零和博弈策略的框架下引入外部增量，使博弈双方的收益和损失相加大于“零”，双方又能够合理地分配这个大于零的总收益，使双方的投入都能得到令自己满意的回报，这种博弈就是正和博弈。

例如，你和朋友玩扑克，各出100元赌输赢，两人事先约好最终赢得牌局的人可以拿走全部的200元，另一个人只能空手而归，这是典型的零和博弈。但如果你和朋友没有各出100元赌输赢，而是一起参加了奖扑克比赛，并互相配合赢取了名次，每人分得100元奖金，这场牌局就变成了正和博弈。

因为大家配合得好，所以你和朋友经常相约组队比赛，最终每个人都赢了很多钱，皆大欢喜。这就是正和博弈带来的结果：着眼于长期合作，你赢我也赢。

第三节　先设定结果，再决定策略

面对谈判桌上激烈的利益冲突，高明的谈判者既不会随波逐流，被谈判对手牵住鼻子，也不会毫无章法、胡乱出招，而是审时度势，先设定最理想的谈判结果，再以这个结果为导向评估各种博弈策略，最终选择最有利于实现这个结果的谈判策略。我们把这种以结果为导向设定博弈策略的思维模式称为“以终为始”。

公元前 75 年，一群海盗在地中海将年轻的罗马贵族尤里乌斯·恺撒（注：尤里乌斯·恺撒后期成为古罗马最受人尊重的执政官）及其随从绑架到一个远离大陆的海岛上，并且把他们和很多被绑架的人质关在铁笼子里，让他们风吹日晒、饥肠辘辘。海盗向人质提出 30 塔兰同黄金的赎金（注：塔兰同，古罗马质量单位，1 塔兰同相当于今天的 30 公斤），这是一笔巨额赎金，因为当时 30 塔兰同的黄金足够招募 300 名精壮的罗马士兵。

如果你是恺撒，面对这种局面会怎么做呢？是和海盗头目砍价，看能不能降低一些赎金，还是按海盗的要求给 30 塔兰同的黄金，抑或是一分钱不给，和海盗鱼死网破？

被限制了人身自由的恺撒听到海盗给自己的标价之后哈哈大笑，对海盗的头目说："你太小瞧我了吧！你知道我是谁吗？我一个堂堂的罗马贵族，在你们眼里只值30塔兰同的黄金？我怎么觉得自己至少值50塔兰同的黄金（注：相当于今天的150公斤黄金）呢？你把我留下，我的随从会给你带来50塔兰同的黄金。"

恺撒在谈判时自涨身价的行为看起来非常可笑，但这是颇有心计的恺撒使用的谈判策略。海盗头目被恺撒的慷慨打动，立即释放了他的一个随从，让其赶回罗马筹集赎金。此后，因为恺撒的赎金是别人的三倍，所以海盗单独安排了一个房间给恺撒居住，而且好酒好饭伺候。

在等待随从归来的三十几天，恺撒非但不用像其他人质一样提心吊胆，还能与守卫一起踢球、饮酒作乐，甚至还可以命令海盗坐下来听他朗诵自己写的诗。如果哪个海盗不专心听，他甚至可以大声斥责他们是一群缺乏知识和教养的野蛮人。

由于谈判策略的成功，恺撒在被海盗囚禁期间的生活根本不像人质，而像一个被特殊保护的重要人物。很多同期被海盗绑架的人质，早就在恶劣的环境下悲惨地死去。

在拿到恺撒的赎金后，海盗如约释放了恺撒和他的随从。恺撒被海盗释放后立即回到罗马，率领罗马士兵攻占了海岛，成功将海盗俘虏并全部钉死在十字架上，而海盗还没来得及花掉的50塔兰同黄金连同他们的所有钱财全归恺撒所有。

恺撒是一个非常聪明的谈判者，他在谈判开始之前就对自己可选的博弈策略和每一种博弈策略可能导致的后果进行了如下推演：

第一种博弈策略：按照海盗的要求缴纳30塔兰同黄金的赎金。

最可能出现的博弈结果：自己仍然被关在笼子里，风吹日晒，饥肠辘辘，然后搭上30塔兰同黄金的赎金，自己所失恰恰是海盗所得，其结果是零和博弈，自己输海盗赢。

第二种博弈策略：和海盗砍价，想办法降低赎金。

最可能出现的博弈结果：估计不是被海盗杀掉，就是连同随从一起继续被海盗关到笼子里，或者晒死，或者饿死。自己和随从都死了，海盗也拿不到赎金，其结果是负和博弈，自己输海盗也输。

第三种博弈策略：一分钱也不给海盗，和海盗鱼死网破。

最可能出现的博弈结果：肯定打不过人多势众的海盗，最后自己和随从都被海盗杀掉，海盗也拿不到赎金，其结果是负和博弈，自己输海盗也输。

第四种博弈策略：答应多给海盗一些钱，但是要求海盗改善自己的生存条件。

最可能出现的博弈结果：不用再忍受风吹日晒、饥肠辘辘，可以好好地活到随从回来，等日后寻找机会再报仇，其结果是正和博弈，海盗赢恺撒也赢。

把所有的博弈策略和可能出现的谈判结果都想清楚之后，恺撒运用“以终为始”的思维模式，果断选择了最有可能实现正和博弈的第四种博弈策略，并等到了报仇的那一天。

第四节　静态博弈状态下的谈判策略

从博弈双方出招是否有先后顺序来看，博弈可以分为静态博弈和动态博弈两种类型。

所谓静态博弈，是指博弈的参与者需要同时出招，或虽非同时出招，但后出招的人并不知道前面的人是如何出招的。比如小孩子在玩“锤子、剪刀、布”游戏时，需要同时出招，所以“锤子、剪刀、布”游戏属于静态博弈。

业主方针对工程项目进行招标时，投标企业提交投标文件的时间虽然有先有后，但后提交投标文件的人一般没有办法知道先提交投标文件的竞争对手是如何报价的，所以投标过程中的博弈行为也属于静态博弈。

在静态博弈的情况下，博弈者都有哪些策略可选呢？“囚徒困境”博弈策略模型可以帮助我们找到答案。

“囚徒困境”是由时任斯坦福大学客座教授塔克（Albert Tucker）于20世纪50年代在一次讲演时提出的一个经典的非零和博弈策略模型。

“囚徒困境”模型假设有两个共谋犯罪的小偷因盗窃而被警察抓到了，并且被单独关押起来。但是警察并没有强有力的证据给两个人定罪，只能指望他们的口供。为了让小偷明白抵赖和坦白的利益得失，警察分别向两个小偷公布了如下规则（即博弈规则）：

（1）如果两个小偷都选择抵赖，不揭发对方，则由于认定的盗窃金额较低，两个人均要被判入狱1年。

（2）若一个小偷选择揭发，而另一个小偷保持沉默，则揭发者会因立功表现而被立即获释，沉默者因不合作会被判入狱5年。

（3）若两个小偷都选择坦白，互相揭发，则可能因为作案金额较大且证据确凿，两个人都被判入狱3年。

两个小偷在上述规则下进行博弈时，他们都有坦白策略和抵赖策略两种可选的博弈策略，但最终博弈的结果却取决于两个小偷各自选取的博弈策略形成的组合。

所以，其中一个小偷在选择博弈策略时，必须同时考虑另一个小偷会选择什么样的博弈策略。为了便于分析问题，我们构建了表 3－1 支付矩阵。

表 3－1　囚徒困境的支付矩阵

得失 / 嫌疑人 B / 嫌疑人 A	抵赖	坦白
抵赖	－1，－1	－5，0
坦白	0，－5	－3，－3

从支付矩阵来看，对两个小偷最有利的博弈策略显然是同时选择“抵赖”策略，即不揭发对方，这样两人都被判入狱 1 年。但塔克（Albert Tucker）给出的结论是：两个小偷最大概率选择的博弈策略一定是互相揭发对方，即“坦白”策略，最终结果是两人均被判入狱 3 年。

两人都选择“坦白”策略及因此均被判入狱 3 年的结局，被称为“纳什均衡”，也被称之为非合作均衡。在双方无法进行信息沟通的情况下，选择立功而揭发对方的策略对每个小偷来说都是最优博弈策略。

由此可见，在一个群体中，个人最优博弈策略并非群体最优博弈策略，个人做出的理性选择往往导致群体的非理性。在每个人都不考虑他人利益而只考虑自身利益的情况下，博弈最终的结果反而是双输的，即“损人不利己”。

“囚徒困境”是一种静态单次博弈，也就是博弈双方或者同时出招，或者虽然未同时出招，但一方先出招时，另一个博弈参与者并不知道先出招者如何出招。

假设 3 年之后两人同时出狱后又共谋作案，又同时被抓时，此时的博弈状态就从单次博弈变成了重复博弈。作为“理性人”的两个小偷很有可能吸取上一次的教训，在第二次博弈时都选择信任对方并同时使用“抵赖”策略，那么最终的博弈结果对双方来说将是最理想的，即“两个人都选择抵赖策略，每人判刑1年”。

如果存在第三方，能够在博弈双方中有一方违背“诚信”原则时对其实施惩罚，这种合作抵赖的策略就会一直持续下去。

由此可见，针对“囚徒困境”模型中的博弈规则，单次博弈的最优策略是“竞争”，重复博弈的最优策略是“合作”。

案例3-1：供应商如何突破采购经理设置的“囚徒困境”

国内某上市公司（以下简称巨人自动化）是一家智能装备制造商，其主要产品可广泛用于汽车、手机、光伏等产业。采购部项目经理李强（化名）在公司里负责工业电气自动化设备和零部件的采购，主要的采购品类包括PLC、触摸屏、变频器、伺服驱动器、伺服马达等产品。

2016年前，李强针对上述品类只发展了两家供应商：A公司和B公司。其中，A公司在品牌、产品、服务、支持方面与B公司相比有较为明显的优势，而价格也比B公司高10%，所以A供应商分得40%份额，B供应商分得60%份额。为了降低成本，李强在2016年和这两家供应商进行年度合作价格谈判时故意设置了“囚徒困境”，新的采购规则规定：如果两家供应商均同意在2015年的价格基础上再降5%，则各自份额保持不变。如一家同意降价一家不同意降价，则同意降价的份额上升20%，不同意降价的份额降低20%。他相信在这样的博弈规则下，A、B两家公司势必会为了自身利益而争相降价。

在2016年的供应商年度合同谈判中，A公司和B公司均在2015年的价格基础上让步了5%。虽然A、B两家公司仍然维持了2015年的份额比例：A公司占40%份额，B公司占60%份额，但双方的净利润与2015年之前相比均有所下降。

2016年年底，智能装备行业竞争突然变得激烈，竞争厂商之间的价格竞争趋于白热化，巨人自动化的上游客户甚至要求他们在原来的合作价格基础上再降15%，才肯把新订单给他们做。

这样一来，巨人自动化的经营压力陡增。为了保持公司的市值稳定增长，巨人自动化的董事长提出了较为激进的市场增长目标，并要求采购部门必须在2017年将关键元器件的采购成本大幅度降低。

迫于经营目标的压力，李强在2016年年底着手引进了一家价格比B公司还低的新供应商C公司，并修改了游戏规则，要求三家供应商在唯一一轮的报价和谈判中必须报出最低价，价格最低的供应商可以拿到2017年80%的份额，价格居第二位的供应商可以拿到2017年20%的份额，价格最高的供应商则直接淘汰出局。

由于A公司的营销策略是以质量取胜，所以他们只是降价2%，在2017年的供应商年度谈判中被淘汰出局。B、C两家公司都报出了最有诚意的价格，最终C公司的价格最低，拿到了80%份额，B公司只拿到了20%份额。

由于B、C两家公司在产品品质、技术支持、售后服务等方面都不如A公司，在淘汰A公司之后，采购部门频繁遭到研发部门和售后部门投诉，几个巨人自动化的大客户也因质量和服务问题取消了原本准备交给巨人自动化的订单。

大客户订单取消的事情最终惊动了董事会，巨人自动化的董事会对公司较为激进的经营策略进行了讨论和反思。2017年年底，董事会决定彻底放弃低端市场的价格战，并从2018年全力以赴开发创新型产品，以创新型和高可靠性的产品打造高端品牌形象。

在李强的盛情邀请之下，A公司在2018年3月重新回到了巨人自动化的供应商体系，另一家报价比A公司还高的外企D公司也被纳入巨人自动化的供应商体系，两家合计获取了巨人自动化90%以上的新产品元器件供应份额，而供货表现最差的C公司则被淘汰出局。

在2016年的供应商年度合同谈判中，当A、B两家供应商面对采购部项目经理李强设置的“囚徒困境”时，他们各自都有降价和不降价两种策略选择，其支付矩阵如表3-2所示。

表3-2　A供应商与B供应商的2016年博弈的支付矩阵

得失 / B供应商 / A供应商	降价	不降价
降价	(66，90)	(99，80)
不降价	(44，120)	(88，120)

（备注：支付矩阵中的收益为销售利润额。销售利润额的计算方式：假设巨人自动化每年采购的元器件为10000件，A公司2016年之前的报价为1100元/件，销售利润率20%，B公司2016年之前的报价为1000元/件，销售利润率20%，并假设成本占销售收入的比例不受销量影响。有兴趣的读者可以自行计算。）

对于A公司来说，A公司降价但是B公司不降价的情况是最理想的，此时A公司的份额可以增加至60%，预期可以获得99万元的利润。在这种情况下，B公司的获利只有80万元，显然B公司不会选择这种策略。所以，A公司降价但是B公司不降价这种情况不会出现。

对于B公司来说，只要A公司不降价，无论自己选择降价还是不降价，均可获得120万元的利润，两种情况对B公司都很理想。但在A

公司不降价而B公司降价这种情况下，A公司的获利只有44万元，显然A公司不会选择这种策略。

如果A、B两家公司同时选择不降价策略，其总收益可以最大化。但在采购经理李强的威胁之下，A、B两家供应商的最优策略并不是不降价策略而是降价策略，最终导致两家公司实际获得的利润少于同时选择不降价策略。

如果A、B两家供应商能够识别出采购经理李强设置的“囚徒困境”，并意识同时使用不降价策略时，反而会使双方的总收益最大化，采购经理李强的策略就失败了。

在2017年的供应商年度合同谈判中，当A、B、C三家供应商面对李强设置的“囚徒困境”时，价格最高的A供应商已经在实质上出局，对剩下的B和C两家供应商来说，他们的最优策略还是同时选择不降价策略。其支付矩阵与2016年的支付矩阵相似。

2018年，巨人自动化的经营策略转变导致李强无法再使用“囚徒困境”，A厂家又凭借高可靠性产品的强大技术支持能力重新获得了巨人自动化的青睐。

在真实的市场经营活动中，再强势的厂商也无法单纯依靠设置“囚徒困境”就能逼迫供应商持续降价。因为让供应商持续降价的同时，厂商也要付出相应的代价，这个世界上几乎所有的事情都如同奥地利作家斯蒂芬·茨威格在其著作《断头皇后》中写的：“她（玛丽·安托瓦内特，法国路易十六的皇后）那时候还太年轻，不知道所有命运赠送的礼物，其实早已在暗中标好了价格。”

当供应商的价格降到接近成本时，必然会采取缩减成本的策略以维持一定水平的利润，而缩减成本的行为极有可能导致产品品质下降，对供应商的产品品质和品牌形成“反噬”，最终使厂商和供应商共同滑向“双输”的死局。

当供应商遇到拼命压价的厂商时，果断退出恶性的价格竞争，寻找新的合作伙伴或者等待新的合作时机才是明智之举，一味地以低价策略讨好厂商的最终结局很可能是与厂商“玉石俱焚”。

大企业的采购经理一定要明白一个道理：一家能够为大企业持续提供优质的产品和服务的优秀供应商，也需要在研发、生产、采购等环节进行投入，也需要充沛的现金流支撑正常的生产经营活动。一旦大企业无法保证供应商的基本利润而又不断占用供应商的流动资金，小供应商就会被压垮，大供应商则会选择逃离。原有供应商全都走了，大企业只能不断发展新供应商，但新供应商的品质稳定性能保证吗？新供应商的供货能力能保证吗？这些都有待验证。日久天长，大企业的信誉和市场竞争力必将下降，甚至被市场无情地淘汰。

如果大企业的采购经理在谈判一开始选择将“我赢你也赢”的正和博弈设定为谈判结果，就不会一味地压榨供应商，而是更加关注外部市场中客户的需求变化和竞争对手的动向，谋求与供应商联手开发出更有竞争力和更具差异化的产品来应对外部的市场竞争，并最终形成双赢的局面。

正如华为总裁任正非所说的：“企业必须要节制自己的贪欲，自己留存的利润低一些，多一些让利给客户，以及善待上游的供应商。

“我们不要搞低价同质化竞争，而是要与产业链上下游协同，加强与战略供应商的合作，利用好优秀供应商的优质资源，实现共同创新、共同进步，推动创新资源、最新技术、最新产品能优先为我所用。

“我们要给予供应商更多的信任、机会及发展空间，实现双赢。”

第五节　动态博弈状态下的谈判策略

动态博弈，是指博弈的参与者出招有先后顺序，而且后出招者能够观察到先出招者的行动。

比如两个人打扑克，一般都是你出一张牌，我出一张牌，后出牌的人可以观察先出牌的人的行动，所以打扑克属于动态博弈。

两个人下棋，一般都是你走一步，我走一步，后行棋的人可以观察先行棋的人的行动，所以下棋属于动态博弈。

而谈判沟通的过程，一般也是你说一句，我说一句，后发言的人可以观察先发言的人的行动，所以大多数谈判都属于动态博弈。

在动态博弈的情况下，无论是谁先出招，都要考虑自己出招之后对方的反应，以及不同反应导致的后果。所以，博弈双方在制定博弈策略时必须考虑以下几个问题：

（1）先出招还是后出招对自己更有利?

（2）是选择虚张声势还是选择实际行动?

（3）在对手出招后己方应该如何应对?

（4）如何通过制定规则限制对手的行动选项?

针对动态博弈的理论过于复杂，也缺乏对谈判者的实战指导意义，因此本书不做详细讨论。接下来给大家三个经典的动态博弈策略模型，帮助大家理解在动态博弈的情形下如何设计或选择对己方有利的博弈规则。

1. 先发制人策略

先发制人出自《汉书·项籍传》，原文是：“先发制人，后发制于人。”意思就是在战争中应争取主动权，先下手为强。先发制人，目的是在对手未加防备或未采取行动时率先行动，让对手无法有效启动后续的防守或进攻行动。

在商业谈判场景中，先发制人策略也被经常使用。例如，采购经理在谈判之前说：“这种产品最高报价不能超过2000元/件，否则就不要谈了。”相当于抢先谈判对手一步锁定了游戏规则，直接压缩了谈判对手的谈判空间。

前面我们讲了运用先发制人策略的好处，如果谈判对手采取了先发制人策略，你怎样应对呢？

先发者固然有先发优势，但也容易暴露自己的意图和实力，极有可能将主动权拱手让人。

案例3-2：采购经理林某与供应商之间的博弈（上）

某公司工业设备制造商K集团的采购经理林某欲采购一批铝合金铸件，数量4000件。经过前期的考察和技术交流，林某和研发部门最终选定了A、B、C三家合格供应商，并要求三家供应商在付款账期为3个月的情况下进行书面报价。其中，A公司报价108万元，B公司报价102.5万元，C公司报价98万元。

林某首先与报价最低的C公司进行谈判，声称其价格降到80万元即可签约。C公司的谈判代表提出：80万元的价格无法接受，如果可以立即签约，价格最低可到92.5万元，但需要林某将账期从3个月缩短为1个月。

由于林某和研发部门对A公司和B公司的产品品质和供货能力更满意，所以在接下来的第二轮谈判中，林某分别向A公司和B公司的谈判代表抛出了橄榄枝：声称如果价格能降到92.5万元即可签约，否则将被淘汰。

A公司和B公司的谈判代表都表示这个价格太低，无法接受，并分别报出了103.85万元和98.4万元的价格，并全部要求付款方式修改为预付30%生产，交货前付清全款，买方负担运费。

接下来，林某又与A公司的谈判代表进行了第三轮的谈判。在此轮谈判中，林某宣称如果A公司的价格可以降到98.4万元，即可与A公司签约，否则将与B公司签约。

A公司的谈判代表向公司领导请示后，给出102.9万元的最终报价，付款方式为预付40%生产，交货前付清全款，买方负担运费。

经过与研发部门商议，出于对采购成本的考虑，林某最终在本轮采购中选择了价格最低的C公司。

在上述案例中，林某除了在报价阶段要求对方先报价，其余的谈判阶段都采取了先发制人的策略，要求对方给予其掌握的最低价格，并以“价格报高将无法合作”作为威胁手段。

面对林某采取的先发制人策略，A、B、C三家供应商的谈判代表应该采取以退为进的策略化解对方的攻势，拖延对方的时间。比如他们可以说：“这么低的价格，自己做不了主，要回去和领导商量一下。”或者他们也可以提出一个令对方无法满足的条件，比如“如果采购量增加三倍，我可以答应你的要求”，进而使谈判暂时陷入僵局，待时机成熟时再重新提出己方的价格条件。

2. 一报还一报策略

罗伯特·阿克塞尔·罗德是美国密歇根大学教授，著名的行为分析与博弈论专家。为了研究人类的动态博弈行为，他设计了一项著名的计算机模拟实验：囚徒困境重复博弈计算机竞赛。

在第一轮竞赛中，博弈论专家们贡献出15个博弈策略，比赛选手可以选择对自己最有利的博弈策略，并与其他选手进行多达200次的重复博弈。最终，以下3种成为被选手运用最多的博弈策略：

策略1：一报还一报策略（TIT FOR TAT）。

这个策略是由加拿大多伦多大学拉波波特教授提供的，是所有策略中最简单、最善良的。它在第一回合总是先选择合作策略，然后从第二步开始重复使用对手上一回合的策略，即对方选择合作，自己就在下一次也选择合作；对方选择背叛，自己就在下一次也选择背叛。

策略2：尝试“背叛”策略。

己方先尝试背叛，如果对方没反应，则继续背叛；如果对方背叛，则主动讨好对方，寻求合作。

策略3：掩盖“背叛”策略。

背叛，但尝试掩盖背叛的痕迹。

最终，最简单、最善良的一报还一报策略赢得了竞赛。当一报还一报与其他策略相遇时，它从不主动背叛，而是努力促使双方合作。

为了进一步研究一报还一报策略，罗伯特·阿克塞尔·罗德教授组织了第二轮竞赛，让各个参赛者以第一轮的比赛结果为参照，重新选择博弈策略。在第二轮竞赛中，又增加了很多可选策略。比如：

策略4：欺软怕硬策略

这种策略专门欺负老实人，如果对方报复，就选择合作，而且从不背叛两次。

策略 5：占便宜策略

首先获得对方的信任，与对方建立关系，然后偶尔尝试占便宜，尽量避免自己做得太过分。

策略 6：一报还两报策略

相当于一报还一报策略的加强版。

比赛的最终结果还是一报还一报策略赢得了竞赛。尽管选择这个策略的小组在第二轮竞赛中反复被欺软怕硬策略和占便宜策略剥削，但总成绩仍然是最高分。

罗伯特·阿克塞尔·罗德在他的著作《合作的进化》一书中告诉我们：在有限次重复博弈行为中，待人善良能得到好处，报复背叛者同样能得到好处。对待善良的人要善良；对待无缘无故的背叛者，要坚决采取行动予以报复。这就是我们常说的“以其人之道还治其人之身”的处事原则。

近几年，西方发达国家的经济发展遇到瓶颈。为了保护本国的经济，它们普遍采取提高商品进口关税的贸易保护主义手段。遇到这样的情况，遭遇关税壁垒的国家最好采取一报还一报策略，也对对方建立关税壁垒。

在运用一报还一报策略时，我们还要思考如何设计游戏规则，限制对手的选项，防止对手背叛。

比如在有限次重复博弈的后期，对手更容易选择“背叛”策略，此时你应该采取法律手段或者运用第三方力量对对方的行为进行监管，或者让其提供抵押物，增加其背叛的成本。

在战国时期，为了提高对手背叛的成本，各个国家让太子作为人质，一旦对方背信弃义，就可以杀死人质，惩罚对方。

案例3-2：采购经理林某与供应商之间的博弈（中）

K集团的采购经理林某与价格最低的C公司签约之后，向C公司支付了30%的预付款，此后C公司陆续交货。

在第一批数量为2000件的铝合金铸件交货之后，K集团质检部发现C公司交付的部分产品存在瑕疵，不符合K集团铸件产品的验收标准。

于是，林某面见C公司的谈判代表，愤怒地向C公司的谈判代表阐明了己方的立场：鉴于C公司交付的铝合金铸件产品质量不合格，未达到合同约定的质量标准，所以双方合同提前终止，C公司不仅要退回预付款27.75万元，还要赔偿因耽误K集团向下游客户交付产品而导致的额外损失150万元。

C公司的谈判代表提出：经C公司的品质部门对已交付的2000件产品进行现场检验，仅有少量产品存在质量瑕疵，C公司已经分拣出所有存在质量瑕疵的产品，约400件，并愿意对存在瑕疵的400件产品进行退换货处理，但K集团没有任何道理让C公司承担K集团因向下游客户交付产品延迟而产生的额外损失。

鉴于K集团的订单交期十分紧张，林某勉强同意C公司的谈判代表提出的退换货方案，但要求C公司必须在半个月内交付合格产品2400件，K集团在收到C公司交付的4000件合格产品之后才会按合同约定支付货款，否则C公司必须承担额外损失150万元。

此后，C公司虽然如约交付了4000件合格产品，但最后一批产品交付时间比约定时间延迟了半个月。K集团收货后并未按照合同约定的1个月付款期限付款，而是要求C公司支付延期交货的违约金。

4个月之后，回款心切的C公司同意K集团按原来的合同金额

92.5 万元的9折支付剩余货款，双方的合作就此终止。

林某面对C公司在合同履约中的“背叛”行为，果断采取了一报还一报策略，既将己方的损失控制在最小范围，也使不遵守双方约定的C公司受到应有的惩罚。

如果K集团对C公司的“背叛”行为采取姑息纵容的态度，可能在后期合作中给双方带来更大的损失。

3. 基于长期利益的“合作”策略

1982年，克瑞普斯、米尔格罗姆、罗伯茨和威尔逊（Kreps，Milgrom，Roberts and Wilson）四位学者提出并证实了一个观点：在有限次数的重复博弈行为中，参与者为了获得长期利益，倾向选择“合作”策略而非“背叛”策略，并试图在对方心中建立良好声誉。如果博弈是单次不可重复的，理性的参与者倾向选择“背叛”策略而非“合作”策略来实现自身利益的最大化。

在“囚徒困境”博弈的情形中，如果参与者面对的是有限次重复博弈且重复的次数足够多，他们更倾向选择“合作”策略。尽管每一个囚徒在选择“合作”策略时要冒着被其他囚徒出卖的风险，但如果他选择“背叛”策略，就暴露了自己是不讲义气的人，从而有可能失去长期合作的收益。

如果未来参与者之间的博弈次数足够多，未来的收益损失就超过短期被“背叛”的损失。因此，在博弈的开始，每个参与者都想树立一个“合作”而非“背叛”的形象，即使他是不喜欢“合作”的。只有博弈将近终局时，参与者才会一次性把自己过去建立起来的声誉利用干净，因为此时短期收益很大而未来的损失很小。

第一次世界大战期间，德英两军在战壕战中遇上了三个月的雨季，双方的粮食补给都出现极大的困难。为了活下去，双方在三个月中达成默契：互相不攻击对方的粮食给养部队，过了雨季之后再打。

案例3-2：采购经理林某与供应商之间的博弈（下）

有了上一次与C公司合作失败的惨痛经历，K集团的采购经理林某决定引进在产品品质和合同履约方面更有保障的供应商，而不是仅仅看中供应商的报价。

此后，他又邀请A、B两家公司和另一家供应商D公司参与后期的铝合金铸件订单，并依据供应链管理理论制定如下价格谈判规则：

（1）为了确保产品如期交付，重要产品的采购订单要有两家以上的供应商供货。

（2）如果供应商交付的产品在品质、交期、服务和支持方面非常出色，可以接受比其他供应商略高的价格。

（3）建立供应商综合评价体系，将价格、品质、交期、付款方式、售后服务和技术支持分别按40%、25%、15%、10%、5%和5%的比例设置权重，对供应商进行半年度和年度综合评分，综合分高的供应商可以拿到更大的市场份额，每半年根据供应商综合评分情况调整一次供应商份额分配比例，综合评分低于80分的供应商终止合作。

在后续合作中，A公司的价格仍然是所有供应商中最高的，但品质、售后服务和技术支持方面非常到位，所以可以拿到50%以上的份额。

由于零部件的品质持续提升，使得K集团的产品可靠性得以提升，产品可靠性的提升又带来了更多订单，K 集团和 A、B、D 三家供应商的经营效益都进入良性循环的轨道。

在真实的商业谈判场景中，理性的谈判者应该这样做：如果我们与谈判对手的合作是单次不重复的，就按照对自己最有利的条件去谈判，不需要过多考虑今后的事情。如果我们与谈判对手的合作是多次的重复博弈，就需要从长远利益出发考虑问题，以合作的姿态谈判，不要背信弃义。

因为林某与供应商之间的博弈并不是单次博弈，而是多轮次的重复博弈，所以采取“合作”策略对于双方的长期发展都是有利的。

第四章　如何在谈判中建立压倒性优势

第一节　谈判是力量游戏、实力竞赛

有人认为：谈判技巧就是沟通和说服技巧，并用“一人之辩，重于九鼎之宝；三寸之舌，强于百万之师”形容一个人高超的谈判技能，甚至让我们误以为只要能言善辩，就能在谈判桌上获得重大利益。事实真的是这样吗？在谈判桌上，到底是技巧重要还是实力重要？

无论对于简单的单一议题谈判还是相对复杂的统筹议题谈判，谈判都是力量的游戏，实力的竞赛。**谈判者能否在谈判开始之前就建立压倒性的谈判优势，主要取决于谈判者及其背后的团队、组织、国家的真实实力，而非仅仅依靠谈判者的沟通技巧。**

美国著名的国际关系专家、加州大学教授肯尼思·沃尔兹（Kenneth Waltz）认为：军事权力是国际权力的第一要素。国与国之间能否心平气和的谈判，主要看双方的军事实力。正如德意志帝国铁血首相俾斯麦说的：“公理正义，只在大炮的射程之内。”

一个国家的谈判实力主要取决于该国的军事实力、经济实力、自然条件、人口条件、科技水平和物质基础等；一家公司的谈判实力主要取决于该公司的品牌知名度、行业地位、公司规模、控制舆论的能力、垄断性资源、谈判团队的谈判水平等；一个人的谈判实力，主要取决于这个人调动外部资源的能力和自身的谈判技巧。

1895 年，清军在中日甲午海战中失利，北洋水师全军覆没。李鸿章奉慈禧太后之命来到日本马关与以伊藤博文为首的日方代表团和谈。在军事上占上风的日方代表在前三轮谈判中提出多项无理要求，比如要求清政府承认朝鲜独立，割让台湾、澎湖列岛，辽东半岛，开放北京等七个通商口岸，以及向日本支付战争赔款 3 亿两白银等。尽管李鸿章据理力争，日方代表却无动于衷，还对李鸿章百般羞辱。

1895 年 3 月 24 日，李鸿章在谈判结束返回住所的时候，突然遭日本浪人枪击，面颊中弹，血流不止。受伤的李鸿章以此要挟日方要退出谈判，最后换来了减免一亿两白银的赔偿，少开放三个通商口岸。那些不平等条约不是谈出来的，而是被大炮打出来。无论羸弱的清政府派出多么优秀的谈判专家，都无法摆脱在谈判中丧权辱国的厄运。

第二节　谈判筹码：奖赏、惩罚和法理

在谈判过程中，能够被谈判者驾驭的、影响谈判者谈判实力发挥的要素统称为谈判筹码。一般来说，谈判者在谈判桌上可以运用的谈判筹码有三大类：奖赏筹码、惩罚筹码和法理筹码。

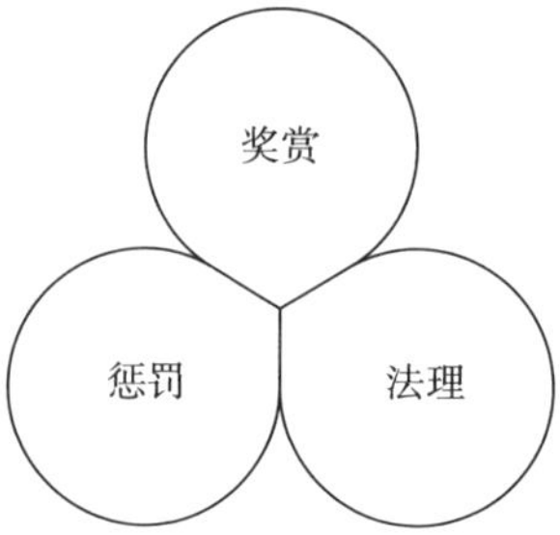

图4-1　谈判者的三种谈判筹码

案例4-1：一个中国民营小型汽车零部件厂商为何敢于拒绝全美最大的汽配零售商提出的要求

在中国某民营汽车零部件生产企业W公司的会议室里，总经理鲁总正与美商T公司国际部经理史密斯进行一场紧张激烈的谈判。

美商T公司是W公司北美市场的独家代理商，也是W公司在海外最大的贸易伙伴。T公司历史悠久，是全美最大的汽配零售商，其汽车零部件销售网络遍布全球市场，代理销售世界各地数百家汽车零部件企业生产的上万种产品，年营业收入数十亿美元。国际部经理史密斯此行谈判的目的是拿下W公司海外市场的独家代理权。

谈判一开始，史密斯就承诺：一旦把海外市场代理权交给美商T公司，3年后W公司的汽车零部件产品在全球市场的销量将在目前的基础上增加一倍。

W公司总经理鲁总委婉地拒绝了史密斯的提议。他平静地说："我们非常愿意与贵公司携手，继续扩大W公司产品在北美市场的销售额和市场占有率。但其他市场我公司已经有了战略发展计划，暂时并未考虑设置全球市场的代理商，请史密斯先生多多理解！"

鲁总是有雄心壮志的企业家，他认为：未来全球汽车零部件市场的前景非常广阔，近几年W公司的产品和服务在海外市场已经得到终端用户的认可，未来还有相当大的拓展空间。如果现在把全球市场的代理权拱手让人，无异于捆住自己的手脚，对公司未来的发展十分不利。

眼见“利诱”的手段对鲁总不奏效，史密斯又祭出“威逼”的撒手锏。他严肃地对鲁总说：“鲁先生，我可以明确地告诉你，我们未来发展的方向是缩减供应商数量，强化与少数大供应商在全球市场的合作关系。如果你不同意我们的建议，你可能连北美市场的单子也拿不到了，我们会把目前给你的单子分给其他工厂。合作这么久，我建议你还是慎重考虑之后再做决定。”

面对史密斯的威逼利诱，鲁总没有动摇，他面色平静地对史密斯说：“作为一家独立经营的公司，我方有权决定自己的经营策略。全球市场代理权目前无法授权给贵司的事情已经决定了，请你多多理解。我司与贵司签订的北美市场代理合同目前仍处于有效期，无论你将来把订单分给谁，代理合同有效期内的销量目标还是要达成的。”

谈判桌上的空气似乎凝固了，史密斯猛地站起身，一边收拾皮包一边说：“如果你已经决定了，我们也没什么可说的。代理协议到期之后我们不会再与贵司签约！”

鲁总也站起身，礼貌地对史密斯说：“我们随时欢迎你回来洽谈合作。”

送史密斯到机场的汽车逐渐消失在众人的视野，W公司的送行人员面面相觑，表面平静的鲁总内心非常难受。当年正是史密斯先生在广交会上相中了他们的产品，使W公司的产品一举打入北美市场，这才成就了W公司今日的规模。

史密斯回到美国之后，立即以产品品质不稳定为由削减了原本给

W 公司的订单。W 公司的生产计划完全被打乱，产能利用率直线下降，大量产品积压在仓库，工人们怨声载道……此时，史密斯通过邮件再次向鲁总抛来橄榄枝：如果现在可以签订全球市场独家代理协议，质量问题可以不予追究，订单也可以恢复到原来的水平。

面对困难，鲁总毫不退缩，断然拒绝了史密斯的建议。此后，鲁总决定加快新产品研发，提升产品品质，并全力组织海外贸易部门开拓新市场。

经过一年多的努力，W 公司冲破重重阻力，以过硬的产品品质先后打开了欧洲和东南亚市场，并在与美商 T 公司的协议到期之后找到了新的北美代理商。

在上述案例中，谈判实力较强的史密斯主要使用了“奖赏”的筹码和“惩罚”的筹码。

（1）史密斯运用“奖赏”的筹码：

①一旦把海外市场代理权交给美商 T 公司，3 年后 W 公司的汽车零部件产品在全球市场的销量将在目前的基础上增加一倍（谈判前期）。

②如果可以签订全球市场独家代理协议，则以前的质量问题可以不予追究，订单也可以再恢复到原来的水平（谈判后期）。

（2）史密斯运用“惩罚”的筹码：

①如果不同意我们的建议，那你可能连北美市场的单子也拿不到，我们会把目前给你的单子分给其他工厂（谈判前期）。

②史密斯回到美国之后，立即以产品品质不稳定为由削减了原本给 W 公司的订单（谈判后期）。

作为谈判实力相对较弱的一方，W 公司的鲁总既无法对谈判对手实施奖赏，也无法对谈判对手实施惩罚，所以他在本次谈判中主要运用了“法理”的筹码，即作为一家独立经营的公司，我方有权决定自己的经营策略。

一年后 W 公司冲破重重阻力，以过硬的产品品质先后打开了欧洲和东南亚市场，并在与美商 T 公司的协议到期之后找到新的北美代理商，这些后续发生的事情使史密斯无法再威胁 W 公司，相当于化解了史密斯的两个谈判筹码但对于双方的合作已无实质性影响，只能算作 W 公司与其他贸易伙伴谈判时的谈判筹码了。

第三节　如何运用奖赏筹码

奖赏筹码，就是谈判者令谈判对手相信自己拥有对方迫切需要的利益。

这里说的利益，既可能是长期利益，也可能是短期利益；既可能是物质利益，诸如金钱、商品、土地、房屋等有形资产，也有可能是非物质利益，诸如信息、知识、专利、声誉、地位、形象、关系等无形资产。

不是所有的利益都可以成为奖赏筹码。奖赏筹码发挥作用的关键在于对方需求的急迫性、资源的稀缺性和不可替代性三个前提条件，缺一不可。谈判者越是能够独占或垄断某种谈判对手急迫需要的资源，这种资源越是具有稀缺性和不可替代性，奖赏筹码就越有价值。

除了粮食、煤炭和石油这类大宗物资，世界上还有很多东西具有稀缺性和不可替代性，比如专利技术、强大的品牌、拥有原产地标志的商品，独有的历史传统与文化内涵等。

例如，美国微软公司、高通公司、苹果公司都是依靠独有技术或专利获得不可替代性；可口可乐、星巴克、耐克则是靠独有的文化内涵获得不可替代性；而中国的国酒茅台则是既有独有技术，又占据了得天独厚的地理位置，还是当年革命先驱们在命运的转折点上（注：指四渡赤水）喝过的胜利之水。

对于一家大企业的采购经理来说，大公司的供应商资格比较稀缺，也是供应商急迫需要的，“获得供应商资格”就可以成为他与供应商进行谈判时的奖赏筹码。

对于给大企业供货的供应商来说，产品的品质保障、专利技术、快速响应能力、强大的供货能力是稀缺的，也是采购经理急迫需要的，于是上述条件就可以成为供应商与采购经理谈判时能运用的奖赏筹码。

假设有一位大企业的采购经理遇到了一个非常紧急的采购订单，他与几家原有供应商沟通之后发现这几家供应商都无法确保按时交货。在这种情况下，这位采购经理再与具备如期交货能力的供应商谈判时，供应商就有很多谈判筹码，这种谈判筹码其实就是奖赏筹码，因为它同时满足了奖赏筹码的三个条件：需求的急迫性、资源的稀缺性和不可替代性。

有人可能会问：“如果供应商没有这些奖赏筹码，他靠降低价格能提高自己的谈判筹码吗?”答案是：在其他方面都能满足采购标准要求的情况下，低价也是一种稀缺资源，也算是一种奖赏筹码。单纯的低价不是稀缺的，而且因低价带来的风险抵消了客户实际能够获取的利益，所以单纯的低价不能成为奖赏筹码，优质低价才是奖赏筹码。

第四节　如何运用惩罚筹码

案例 4－2：建筑承包商的奖赏筹码和惩罚筹码

某建筑承包商在承揽一项建筑工程之后，发现业主方未按合同约定的施工进度付款，于是承包商找业主方谈判，要求业主方按照合同约定，按工程进度支付工程款。但业主方说资金暂时不到位，让承包方继续加快施工，而工程款需要再等一等。

此时，承包商可以尝试抓住业主方对如期完工的迫切需求，运用奖赏筹码（比如承诺加快施工进度、提高施工质量等）与业主方展开谈判。

如果业主方对奖赏筹码不感兴趣，承包商接下来只好祭出惩罚的筹码（比如威胁延缓工程进度、暂时停工，甚至是全面停工等）。

在大多数情况下，弱势的承包商与强势的业主方进行谈判时，运用惩罚筹码比运用奖赏筹码更有效。

惩罚筹码就是谈判者令谈判对手相信自己拥有给对方造成伤害或损失的资源或能力。这里说的伤害或损失，既可能是立即发生的，也可能是未来会发生的；既可能是针对物质方面的，诸如失去金钱、商品、土地、房屋等有形资产，也有可能是针对非物质方面的，诸如失去声誉、威信、形象、关系、权力等无形资产，甚至有可能是失去健康、自由、生命等。

惩罚筹码能否影响谈判局势，主要取决于惩罚手段实施的可信度，以及一旦实施会给对方造成多大的伤害。若想使惩罚筹码更具威胁性，谈判者需要通过各种手段增强惩罚实施的可信度，主要手段有以下四种：

（1）小步前进法。即在双方谈不拢的情况下，先对谈判对手实施一个比较轻的惩罚，再威胁后面会有更多的惩罚。

（2）杀一儆百法。即先对其他人实施惩罚，让谈判对手看到自己有能力、有决心实施惩罚。

（3）破釜沉舟法。即完全断绝己方的后路，让对方看到自己惩罚对方的决心。

（4）切断沟通法。即不再与对方接触，让对方怀疑你已经放弃谈判，准备使用惩罚的手段。

案例4－3：因交货延迟，A公司向供应商索赔30万美元却遭拒绝，如何破局

××电子是一家国外电子元器件代理公司，它的业务模式是从国外原厂那边购买电子元器件，然后再销售给国内的大客户。

A公司是××电子的重要大客户之一。自2015年合作以来，A公司每年从××电子采购大约1000万美元的产品，双方合作得比较愉快。

2018年，由于上游原厂的供货出现问题，导致A公司与××电子的一笔40万美元的订单迟迟不能交货。为了应急，A公司只能花高价在市场上采购相关产品，货款连同空运费总共花了70万美元。

A公司以××电子未能如期交货为由拒绝向其支付前期欠款70万美元，要求××电子先赔偿因订单延迟交付导致的30万美元的额外损失，之后再谈前期货款支付的事情。

而××电子称这个订单总金额才40万美元，A公司向××电子索赔 30 万美元明显超出合理范围，应按合同约定的违约责任进行赔偿，赔偿金额经计算应为 5 万美元。

××电子提出的解决方案是：××电子认同延期交货违约，可以赔偿 A 公司 5 万美元，但赔偿方式是在前期欠款中直接扣除，前提条件是 A 公司要将前期所欠的其他款项全部结清。

双方因为这个纠纷暂停了合作。××电子声称如果 A 公司不接受这个方案，双方只能法庭上见，而 A 公司也拿出了绝不退让的强硬姿态。

对××电子来说，起诉客户是一个比较艰难的决定。如果供应商动辄就起诉客户，生意就没办法做了，所以这件事情拖了一年多。

2019 年，××电子与 A 公司对接的销售经理离职，新来的销售经理又过来与 A 公司的采购经理谈，想尽快要回货款，恢复双方合作关系。

A 公司的采购经理也想尽快解决这个问题。因为××电子的价格在行业里还是有竞争力的。一年多里，A 公司通过其他电子元器件代理商购买的产品价格都比××电子的供货价格高一些，采购经理的成本压力也很大。

通过一番交流，A 公司的采购经理发现××电子新来的销售经理非常希望双方恢复以往的合作关系，尽快在老板面前拿出业绩。

抓到新来的销售经理这个迫切需求之后，A 公司的采购经理抛出了自己的谈判筹码：双方可以恢复合作关系，订单金额可以在原来的基础上适当增加，前期欠款也可以支付，但 30 万美元的赔偿一分不能少。

新来的销售经理找老板协商此事。经过几轮内部磋商，考虑恢复与 A 公司的合作关系对双方的长期利益都有利，××电子的老板最终同意赔偿A公司15万美元（相当于打了对折），前提条件是A公司每年给××电子不低于2000万美元的订单，而××电子在原来的返点政策的基础上给A公司增加0.5%的返点，直至15万美元赔偿全部结清，返点政策无品牌限制。

经过几轮磋商，双方终于签订了和解协议，恢复了以往的合作关系。

在上述案例中，按合同约定A公司只能向××电子索赔5万美元，但A公司的实际损失是15万美元。

为了让××电子赔偿自己的损失，A公司的采购经理首先采用了扣住前期货款的方式，试图运用惩罚的筹码逼迫××电子就范。没想到××电子的原销售经理也很强势，不但拒绝了A公司的要求，还采用了“以牙还牙”的策略，以起诉相威胁。这足以说明A公司祭出的惩罚筹码对××电子并未奏效。

一年多之后双方重启谈判，A公司的采购经理不再单纯使用惩罚筹码，而是采用了“双方可以恢复合作关系，订单金额可以在原来的基础上适当增加，前期欠款也可以立即支付”这个奖赏筹码，反而满足了××电子新任销售经理最迫切的需求，一举奏效。

在谈判中到底应该使用奖赏筹码还是惩罚筹码，要依据谈判对手最迫切的需求而定，其总体原则是：对手最怕什么，就用什么来惩罚；对手最想得到什么，就用什么来奖赏。

如果不能确定谈判对手到底怕什么或者想得到什么，不妨尝试使用“胡萝卜+大棒”的策略，将两种筹码组合在一起使用。

第五节　如何运用法理筹码

弱者与强者谈判，弱者往往会万分痛苦。不谈，根本没机会为己方争取利益，甚至要被动挨打；谈，争取不到利益不说，很有可能自取其辱。

如果说强者的谈判筹码主要来自奖赏与惩罚，那么对于既无法奖赏对手，也无法惩罚对手的弱势谈判者来说，他们的谈判筹码又是什么呢?

美国前总统特朗普曾经是一名地产商人，身家数十亿美元。而维拉·科金（Vera Coking）是新泽西州亚特兰大市一位上了年纪的寡妇，她在市中心地段拥有一套小型公寓。20 世纪 90 年代，特朗普为了在当地建设赌场和饭店，一度准备收购科金太太的房产。

开始，特朗普只想以这座房屋的公开市场价格为基准与科金太太谈判，但被科金太太断然回绝。

后来特朗普先后收购了科金太太家附近的几块地皮，建起了特朗普广场饭店和娱乐场。在一次大扩建过程中，他再次试图与科金太太谈判，科金太太要求他支付 100 万美元，特朗普拒绝了。

经过十多年的谈判、诉讼和媒体关注后，特朗普无疾而终，只能放弃原有计划，扩建后的特朗普广场从三面环绕科金太太的公寓。

科金太太作为一名毫无社会地位与背景的普通人，依靠什么来抗衡特朗普这样一个既有钱又有名望的地产商呢？答案就是法理筹码。

“法”是由国家制定或认可，受国家机器的强制力保证执行的行为规则的总称，法既包括各种法律、法令、条例，也包括政府发布的各种行政命令和决定等。再强大的公司和个体也无法与法律的力量对抗，所以法律是弱势谈判者可以运用的最重要的谈判筹码。

无论是重要的外交谈判，还是商务谈判、土地征收谈判、二手房交易谈判，或者是薪酬待遇谈判，谈判者都应该在谈判之前多花时间研究与自身利益相关的法律、法规，并以法律为武器保障自身的利益不受损害。

“理”，指的公理、道理，即被公众广泛认同的社会规则。公平互惠、公认准则、行业惯例、其他先例、同等待遇等都可以成为谈判中“理”的筹码。所有“理”的筹码都应该建立在客观、中立、公平的基础上。

美国心理学家亚当斯（Adams，1965）认为：人会为公平合理而感到满意，也会因为受到不公平的待遇而产生矛盾和冲突。人们之所以会进行谈判，其目的就是协商出一个公平合理、各方认同的利益分配标准。只有按照此标准进行谈判，谈判结果对参与谈判的各方来讲才是可接受的、公平的，这就是经济学上著名的“公平理论”。

什么样的标准是各方都能接受的、大家公认比较公平的标准呢？一定是一个独立于各个谈判方利益之外的，被公众广泛认可的客观标准，即公理。

在运用法理筹码的时候，拥有专业知识和权威身份的人比外行人更有优势。比如医生与患者就治疗方案谈判时，患者往往无法反驳医生的建议，很大程度上是因为患者缺乏医学方面的专业知识。一位律师与当事人就代理费用问题进行谈判时，当事人往往提不出客观标准与行业惯例，因为当事人往往缺乏法律方面的专业知识。

当我们听到一位谈判者对另一方说出“根据国际贸易的惯例，我方有权要求贵公司支付3%的佣金”，或者“在过去的一年里，我们在产品品质和交期方面没有出现任何问题，而且原材料的成本还在上涨，贵司提出让我司降价的要求是有失公平的”的时候，我们就能判断出这个谈判者正在使用法理筹码。

第六节　三种谈判筹码的组合运用

在真实的谈判过程中，为了增强己方的谈判力量，谈判者往往不会只使用单一的谈判筹码，而是将三种谈判筹码组合使用。

案例4-4：某省会大剧院项目设计收费标准与知识产权归属问题谈判

2020年，某省会城市启动该省年度重点项目——省大剧院项目，并根据国家相关规定对设计单位进行招标。经过一番激烈的角逐，大名鼎鼎的英国Z建筑师事务所凭借出色的方案从三十几家竞标单位中脱颖而出，被中方业主列为第一候选中标人。

在后期的合同条款谈判中，英方谈判代表反复强调己方可以给中方业主带来的“奖赏”：英方的设计方案可以帮助中方业主将大剧院项目打造成具有全球影响力的地标性建筑，有助于该省会城市提升知名度。同时，英方在全球建筑领域的类似设计业绩不胜枚举，足以证明与英方合作对中方业主来说风险最低。

有了奖赏筹码做支撑，英方又提出了法理筹码和诉求：此合同相关条款应符合国际惯例，故此设计费应按工程总造价30亿元的10%收取3亿元，商标使用权、设计文件的知识产权依照国际惯例应归英方所有。

因英方提出的设计费远远超出中方业主的预期，而知识产权归英方所有也是中方业主无法接受的，谈判一度陷入僵局。

在接下来的谈判中，中方业主的谈判代表首先针对设计取费标准问题提出自己的法理筹码，并提出了中方业主的诉求：

中方业主运用的法理筹码：FIDIC合同条件（注：FIDIC，即Federation International DesInginieurs Conseils，国际咨询工程师联合会）中明确规定项目合同的相关条款应适用工程所在地国，即中国的法律，招标文件中也明确规定了项目取费标准应遵照《招投标法》和《工程勘探设计收费规范》中的相关规定。根据上述两个法律文件的规范，工程项目设计应包括效果图设计、施工图设计等三个阶段，总体只能按项目总概算的2.3%取费，而效果图设计收费总额不能超过2.3%的20%，应为项目总概算的0.46%。在项目知识产权方面，业主方谈判代表提出的“法理”是：《中华人民共和国著作权法》规定，业主方支付设计合同的相关款项后，理应取得该项目设计的全部知识产权。

业主方谈判代表有理有据的发言过后，英方在取费标准和知识产权条款方面的要求开始松动，但最终咬定5%的收费标准为最低标准，即1.5亿元。

双方又经过几轮磋商，最终中方业主抛出了奖赏筹码和惩罚筹码。

中方业主运用的奖赏筹码：中方业主愿意将效果图设计和结构设计一起交给英方来做，总合同额为4000万元，但业主方应取得该项目的全部知识产权。

中方业主运用的惩罚筹码：如果英方不接受上述条件，则根据《中华人民共和国招投标法》的相关规定，中方有权取消英方的中标资格，而转与排名第二的预中标人进行合同谈判。

虽然中方业主开出的条件与英方的期望存在较大的差距，但迫于中方业主取消英方中标资格的威胁，英方谈判代表最终只能接受中方业主提出的条件，合同顺利签约。

在上述谈判案例中，英方组合运用了"法理""奖赏"两种谈判筹码，而中方业主组合运用了"法理""奖赏"和"惩罚"三种谈判筹码。中方业主比英方多运用了"惩罚"的筹码，占尽上风。

从谈判筹码对谈判对手产生的影响来看，中方业主代表抛出的每一个谈判筹码都是有理有据的，尤其是最后使用的惩罚筹码，对英方来说简直是致命一击。

而英方代表运用的谈判筹码苍白无力，甚至有强词夺理的嫌疑，双方的谈判水平高下立判。

第七节　固有型筹码与创造型筹码

1. 固有型筹码

谈判者拥有的客观资源是使谈判进程能够启动，并对谈判进程和谈判结果产生重大影响的物质基础，称为谈判者的固有型筹码。拥有了固有型筹码，就具备了谈判启动乃至成功的物质基础。一般来说，固有型筹码越多，在谈判桌上越主动；固有型筹码越少，在谈判桌上越被动。

但仅仅依靠固有型筹码还不能决定谈判的结果，在固有型筹码具备的前提条件下，谈判双方的谈判策略与沟通技巧，也是决定谈判结果的必要条件和关键因素，称为创造型筹码。

谈判者拥有的固有型筹码和创造型筹码共同决定了谈判者的谈判实力，并最终决定谈判的结果。

毛泽东在谈论决定战争胜负的因素的时候，也持有类似的观点。他认为："战争的胜负，固然决定于双方军事、政治、经济、地理、战争性质、国际援助等条件，然而不仅仅决定于这些；仅有这些，只是有了胜负的可能性，它本身没有分胜负。要分胜负，还须加上主观的努力，这就是指导战争和指挥战争，这就是战争中的自觉的能动性。"（《毛泽东选集》第二卷）

毛泽东的上述观点可以帮我们更好地理解固有型筹码和创造型筹码的区别。固有型筹码就是谈判者拥有的客观资源，仅有客观资源，只是有了胜负的可能性，它本身没有分胜负。要分胜负，还须加上谈判者主观的努力，也就是谈判者必须想办法创造出更多的创造型筹码来决定谈判的胜负。

例如，一个材料供应商与其大客户就某种产品的供货协议展开谈判，大客户的采购经理说："我们每年采购这种产品的数量大致是五万吨，不知道有多少家像你们这样的厂商想和我们建立合作关系。如果我们把50%订单交给你们做，你们能给我们什么价格?"这时他向供应商使用的筹码就是固有型筹码。

在这个材料供应商给他报了价格之后，采购经理又说："这个价格太离谱了，我看你们也没有合作诚意，还是不要谈了。"然后收拾东西准备终止谈判，这时他向供应商使用的就是创造型筹码。

在这种情况下，如果材料供应商认为采购经理真的要终止谈判，就有可能在基于原有订货量的基础上做出价格让步。采购经理最终拿到的价格比单纯运用固有型筹码更加优惠。

2. 三种方法取得创造型筹码

第一种方法是借势，即借题发挥，或借助外部力量向谈判对手施加压力。

东汉末年，曹操将汉献帝刘协挟持到许昌，挟天子以令诸侯，是一种借势；采购经理拿出货期延误或品质问题作为谈判筹码要求销售人员降价，是一种借势；销售经理以原材料价格上涨为由提出涨价的要求，也是一种借势。

第二种方法是造势，即拉拢更多的人参与谈判，再利用媒体的宣传扩大影响，并以此为手段向谈判对手施加压力。

案例 4－5：国内某手机厂商 M 公司如何利用舆论的力量抗衡跨国企业

几年前，美国某知名通信技术厂商 Q 公司起诉中国某手机厂商 M 公司的手机产品侵犯其 3G/4G 网络技术专利，并依据四部法律、共计七条的法律依据提出高达数亿元的巨额索赔。

从法理的角度来看，Q 公司的证据充分，无懈可击，M 公司看起来非常被动。

作为弱小的一方，M 公司决定紧急召集国内主流媒体，开一场记者发布会，借助媒体的力量与实力强大的跨国企业 Q 公司进行一场公平的谈判。

M 公司在记者发布会上提出：Q 公司在技术专利费收取方面应本着“公平、合理、无歧视”的原则，而 Q 公司在这桩索赔案中明显违背了这些原则。

这件事情经媒体传播之后，引发了大众舆论对民族手机品牌发展困局的广泛关注和讨论。因为此事件发生的前一年，国家某部委专门针对Q公司的专利费收取标准要求Q公司提出整改措施，Q公司非常担心这件索赔案的发酵对公司长期发展不利。

此后，双方经多轮讨论，终于就专利权问题达成和解。

第三种方法是虚张声势，即通过高超的表演技巧影响对方的判断，进而影响对方的决策。

例如，谈判高手经常会采取假意离开谈判桌，或装出根本不想和对方达成协议的样子来误导谈判对手，降低对方的合作预期。在谈判时，谈判者运用虚张声势的策略能否奏效，主要取决于谈判者是否有良好的心理素质和高超的演技。聪明的谈判者总是能够通过语言、肢体动作、面部表情、眼神的完美配合让对方相信他讲的事情是真实可信的。

第八节　谈判筹码是不断变化的

谈判筹码是谈判者的力量，也是谈判者开出各种条件的底气。但谈判筹码并非一成不变的，它会随着时间和空间的变化而不断变化。

面对谈判筹码的变化，谈判者必须审时度势，及时调整自己的谈判目标和谈判策略。当己方的谈判筹码由弱转强时，就应该向对方索取更高的条件，并理直气壮地拒绝对方提出的不合理要求；当己方的谈判筹码由强变弱时，则应该适当降低己方在谈判目标方面的心理预期，对对方提出的条件给予一定程度的妥协。

比如卖菜的小贩在清晨的时候最有谈判筹码，因为此时菜非常新鲜，而且还有一整天的时间等待买主光顾，菜贩根本不发愁菜卖不出去，所以他们应该以成本价 2 ~ 3 倍的价格销售这些新鲜菜，并且不给顾客打折。

临近黄昏的时候，菜蔫了，买主也变少了，菜贩的谈判筹码就减少了，就应该打折促销，甚至亏本甩卖。

案例 4 - 6：矿业巨头谈判筹码的变化

2011 年之前，全球三大矿业巨头控制必和必拓（BHP）、淡水河谷（Vale）和力拓（Rio Tinto）垄断了全球铁矿石海运量约 75% 的份额，而中国钢铁企业的产能在 2004—2011 年每年都以 15% 以上的速度递增，高峰时期铁矿石进口份额占全球铁矿石总产量的 60% 以上。

因为中国的铁矿石资源并不丰富，高度依赖进口，而中国钢铁企业的产能增长速度又远超三大矿业巨头供应能力的增长速度，致使三大矿业巨头在铁矿石谈判中拥有强大的谈判筹码，不断提价。

2011 年 7 月，开采及运输成本仅为 30 ~ 40 美元的进口铁矿石价格达到惊人的 192 美元/吨，创造了有史以来最高的价格记录。三大矿业公司，以及 2003 年才成立的澳大利亚 FMG 公司深受鼓舞，开始大举扩充产能。与此同时，中国的钢铁行业却面临产能过剩、需求疲软的尴尬局面。由于供需关系的逆转，维持了多年高位的铁矿石价格至 2014 年初下跌至每吨 62.7 美元。此后的几年，虽然铁矿石的价格起起伏伏，但再也没有达到 2011 年的价格。

2019 年 1 月，巴西淡水河谷因尾矿大坝决堤事故而被迫关闭了一座大型矿山，受事故影响减产 7500 万吨。同期，澳大利亚的矿业公司因受飓风及恶劣天气影响，出口量也大幅度减少。这两个因素叠加在一起，导致铁矿石期货的价格又重新回到100美元以上。

2021年，国际铁矿石价格仍然保持上升态势，在达到230.59美元/吨的最高点后，随着国内钢铁去产能“回头看”检查，以及“双控”等政策的影响，2021年11月中国粗钢产量已经比2020年同期下降20%以上，铁矿石价格也逐步回落至90美元/吨。

铁矿石价格谈判是一种典型的动态博弈，供需双方的谈判筹码不是静止的，而是动态变化的。看似拥有极强定价权的三大矿业巨头，也有因不可遏制的扩张冲动而处于被动地位的时候。这可能就是《孙子兵法》里面所讲的“兵无常势，水无常形”吧。

第九节　没有谈判筹码的弱者如何才能战胜强者

大公司的谈判代表往往拥有很强的谈判筹码，似乎是不可战胜的。但对于有经验的谈判者来说，这种不可战胜的感觉仅仅是一种表象。因为任何组织都是由一个又一个活生生的人组成的，每个人都有自己的观点和想法。如果谈判者能在谈判对手的组织内部找到自己的支持者，再强大的谈判筹码也可以被削弱，甚至是被瓦解。

公元前200年，汉异姓王韩王信勾结匈奴叛乱，出兵攻打太原。汉高祖刘邦亲自率三十余万汉军平叛，并在山西沁县附近击败叛军，杀死了韩王信的部下王喜，韩王信率残部逃亡匈奴，请求匈奴冒顿单于出兵，联手攻击汉军。

冒顿单于派一万余人与韩王信残部汇合，在山西阳明堡一带阻击汉军。汉军势如破竹，在吕梁离石一举击败韩王信与匈奴联军。

刘邦率领汉军到达晋阳之后，派出十余批侦察骑兵侦察冒顿单于的虚实，准备继续追击。冒顿单于故意示弱，将精壮部队全部隐藏起来，只让刘邦的侦察兵看到老弱残兵。

刘邦相信了侦察骑兵的汇报，认为匈奴军队全是老弱残兵，不堪一击，继续追击必然能够大获全胜，于是率骑兵部队先行到达大同，等待后续大部队的到来。

而此刻冒顿单于已经在大同附近设下埋伏，先以四十万精锐大军挡住刘邦的后续部队，又将刘邦指挥的部队围困于白登山（注：今天的马铺山，也称小白登山，位于山西大同城东5公里）。在外无救兵，内无粮草，饥寒交迫的情况下，刘邦被匈奴部队围困了整整七天七夜，危在旦夕。

刘邦的谋士陈平看到冒顿单于在山下安营，与新婚妻子阏氏形影不离，甚是恩爱，便决定在阏氏身上打主意，向刘邦讲了自己的退兵之计。

刘邦依计行事，派使者偷偷趁大雾时下山，见到阏氏，不仅送给她很多金银财宝，还送她一张绝色美女图，并说："这是我们汉朝第一美女，如果冒顿单于不退兵，我们准备将这个美女进献给他。"

阏氏考虑到一旦汉军进献美女给单于，将直接威胁自身的地位，于是对冒顿单于说："我们围困了汉王，汉朝必拼死相救，我听说他们又来了几十万大军，如果我们不能很快攻陷白登山，汉人必内外夹击，那时我们就非常危险了。况且我们匈奴部族本来就居住在草原，即使攻下了他们的城市，我们也不习惯在这里长期居住。"

冒顿单于问阏氏："那你说我们应该怎么办?"

阏氏说："大王将汉王刘邦围困于山上七天七夜，汉军军心仍然如此稳定，说不定是汉王真的有神灵相助。大王何必违背天意，一定要将他们赶尽杀绝呢？我看不如放他们一条生路，我们也可以尽早返回草原。"

最终，陈平利用阏氏影响冒顿单于的决策，帮刘邦解了白登山之围。

案例4-7：轴承供应商如何有效阻止采购经理降价

李某是一家制造型公司——G公司的销售经理，G公司主打的产品是工程机械专用精密轴承，由于产品的设计和制造采用了一种专利技术，G公司的产品不但非常精密耐用，而且可以帮用户降低油耗。

一年前，李某开始跟踪一家大型工程机械制造商——X公司，并通过向研发部门的技术工程师推介产品的优点而获得了样品装机测试的机会。装机测试的结果令技术部十分满意，他们决定将G公司的专利精密轴承在一款新产品中批量使用。

当此计划被上报到X公司的采购部门时，采购经理通过邮件向李某询价。在收到李某的报价之后，采购经理就没有回音了，于是李某主动拜访采购经理。

采购经理对李某非常冷淡，说："你们的产品价格高得离谱，我们无法接受，所以这个项目我们准备采用原有供应商的产品，你们回去吧。"

虽然李某试图以自身产品性能的优势说服采购经理，并答应给予采购经理5%的价格折扣，但采购经理不理会他。

万般无奈之下，李某只好再次来到X公司的研发部门。研发部门的技术工程师说："按照我们公司的规定，研发部门负责配件选型，采购部门负责价格谈判。如果是定型的产品，采购部门有权决定供应商，但我们现在设计的项目是一个新机型，供应商提供的产品都需要研发部门按照设计参数进行测试和验证。所以你再等一等，如果其他供应商无法通过我们的技术参数测试和验证，这个单子还是你们的。”

两周以后，研发工程师打电话告诉李某一个好消息：X公司原有的几家轴承供应商一周前按照研发部门的选型要求提供了相关的轴承样品进行测试，结果没有一家能达到设计参数要求。采购经理在前几天找到技术工程师，希望技术工程师能适当降低参数要求，至少保证有两家供应商可以供货，但技术工程师以整机技术性能要求高为由拒绝了，所以这个项目目前只有G公司能供货。

此后，采购经理主动联系李某，希望他在价格方面给予20%的优惠，并威胁他如果不能答应这个条件，这个单子会交给其他供应商做。胸有成竹的李某自然不会答应采购经理的要求，在后续的谈判中坚持只要X公司的采购量达到一定数量，就可以给予最多7%的优惠。

在拖延了一段时间之后，采购经理只能无奈接受了G公司的报价。

谈判对手之所以强大，是因为他们的背后往往有一个强大的组织系统。如果采取正面对决的方式，弱势一方获胜的概率微乎其微。此时弱势一方应该研究强势一方组织系统中的薄弱环节，找到强势一方的致命弱点并集中力量攻击这一致命弱点，最终迫使强势一方为了保证薄弱环节不出问题，不得不答应弱势一方提出的条件。《孙子兵法》把这种策略称为“围魏救赵”。

1620年8月，在位长达48年的明神宗朱翊钧（万历皇帝）去世，他最宠爱的郑贵妃非常失落。一是因为万历皇帝与王氏所生的长子朱常洛继承了皇位，而她为万历生的三子朱常洵只被封为福王，封地于洛阳，远离了权力中心；二是因为明神宗去世之前答应册封她为太后，并且口头和长子朱常洛说了这件事情，但因为大臣们强烈反对，最终没有成功。

明光宗朱常洛即位之后，不到一个月就身染重病，卧床不起，而此刻郑贵妃还赖在只有皇帝才能居住的乾清宫不走，于是众大臣怀疑郑贵妃图谋控制刚刚即位的明光宗朱常洛，以实现垂帘听政乃至让福王朱常洵即位的政治目的。

当时朝中有一个非常正直的官员叫杨涟，他决心尽快让郑贵妃搬离乾清宫，避免她在后宫乱政。他的谈判目标一共有两个：

（1）让郑贵妃主动搬出乾清宫。

（2）让郑贵妃撤回当太后的请求。

这是一个看上去无法达成的谈判目标，却是杨涟必须要达成的目标。

他的谈判对手郑贵妃此时非常强大：她在宫里几十年，根基深厚，党羽众多。同时，她还牢牢控制着刚刚即位的明光宗朱常洛。如果杨涟选择正面和郑贵妃交锋，事情不但谈不成，自己也有可能掉脑袋。

郑贵妃这个看起来非常强大的谈判对手其实有一个不为人知的致命弱点，这个弱点就是她去世的哥哥郑国泰的儿子郑养性。杨涟发现郑贵妃的弱点之后，决定使用围魏救赵之计，以郑养性逼迫郑贵妃就范。

这一天，杨涟带着浙江监察御史左光斗、吏部尚书周嘉谟找到郑养性，几个人联手唱了“红脸－白脸”。负责唱白脸的吏部尚书周嘉谟黑着脸说：“你姑姑郑贵妃把持后宫多年，一直觊觎太后甚至皇帝的位子，还给皇帝进献八位美貌宫女，使皇帝沉迷酒色，一病不起，到底是何居心？现在宫中流言四起，大家都说皇帝是被你姑姑郑贵妃害的。先帝已经去世，若是被当今皇帝知道了你姑姑的险恶用心，你姑姑还能赖下去吗？她就不怕掉脑袋吗？”

郑养性性格软弱，看吏部尚书周嘉谟如此强硬，一下子慌乱了。

此时负责唱红脸的杨涟说：“其实大家也理解你姑姑郑贵妃此时此刻的心情，她赖在乾清宫争取太后的位子，只不过是想保住你们一家人的荣华富贵。只要你愿意和我们合作，说服你姑姑不再争夺太后的位子，这件事情包在我们身上，保证你姑姑离开乾清宫之后，你们全家仍然可以享受荣华富贵。”

看到郑养性有点动心了，杨涟话锋一转，又唱起了黑脸：“要是你不和我们合作，任由你姑姑继续争抢太后的位子，就不要怪我们不客气了，到时候我们会联合朝中的几十位大臣一起在新皇帝面前弹劾你姑姑的谋逆之罪，到时候不仅你姑姑会被治罪，你也会被当作同谋一起伏法。那个时候，别说富贵了，你们全家的性命都难保。”

杨涟等人走了之后，郑养性越想越害怕，急忙到宫里找到郑贵妃，把杨涟等人的话告诉了郑贵妃，催她赶快拿主意。郑贵妃听完也吓坏了，她不可告人的目的看来是司马昭之心——路人皆知了。如果朝中大臣联起手来与她死磕，谁也救不了自己。

思考再三之后，郑贵妃最终主动提出不再当太后，并即日搬出乾清宫。

在这个故事中，杨涟等人面对非常有权势的郑贵妃，依靠硬碰硬的方式是无法取胜的。但是当他们发现郑贵妃的致命弱点——她的侄子郑养性之后，便运用了“围魏救赵”的策略，迫使曾经不可一世的郑贵妃乖乖就范。

由此可见，弱小的谈判者只要抓住谈判对手的“软肋”，便可轻松制服强者。

第五章　如何通过博弈规则实现先发制人

第一节　为何要争夺博弈规则的制定权

众所周知，任何棋牌类游戏都是有游戏规则的，只有对弈双方都遵守规则，游戏才可以继续。如果有一方耍赖，另一方肯定不会再和他玩下去。谈判的本质和棋牌类游戏类似，其本质也是一种博弈，也需要在开始之前建立明确的博弈规则。

所谓博弈规则，就是博弈双方为争取各自利益最大化而对博弈行为设置的一系列限制。博弈规则既包括对博弈对手资格的限制，也包括对博弈对手行动策略空间等方面的限制。

1. 博弈规则制定的四种情形

（1）由博弈各方在开始博弈之前约定规则。比如四个人打麻将，抓牌、吃牌、碰牌、和牌的规则都需要事先商量好，否则容易在打牌时产生分歧。

（2）由博弈各方中较为强势的一方决定规则。比如某个大企业需要向供应商采购一批产品，他们会依据本企业的规章制度给供应商设置各种入围、竞价或谈判的规则，这就意味着每家参与竞争的供应商都只能在客户为他们设置好的规则框架下展开竞争。

（3）权威第三方决定规则。比如一个国家的各种法律、法规都是由享有立法权的立法机构制定的，这个国家的公民都要遵守这些法律、法规。比如奥运会的规则是由国际奥委会制定的，每一位参赛运动员都需要遵守这个规则；高等院校招生考试的规则是教育部和各地的教育主管部门制定的，每一位考生都需要在这个规则框架之下参加考试、填报志愿，而高等院校的招生工作也需要严格遵循这个规则。

（4）以客观存在的公理作为规则。比如数学家、物理学家或者化学家在学术方面存在分歧时，他们会利用各种已经经过证明的理论、公式作为讨论的规则。

当谈判者面对第一种情形时，应首先针对“在什么规则框架之下进行谈判”这一大原则展开谈判，之后才能进入针对具体条款的谈判。如果不这么做，很可能使谈判在一开始就陷入僵局。

案例 5-1：合资项目谈判，如何在正式谈判之前就确定游戏规则

几年前，国外某汽车生产厂商F公司想在中国寻找一家合作伙伴，建立合资公司后共同开拓中国的高端SUV（注：SUV，即 Sport Utility Vehicle，运动型多用途汽车）市场。

当时，中国有三家汽车生产厂商对这个合作项目表现出兴趣。通过与这三个厂商的多轮次接触，并综合考察了当地的基础设施、产业配套、招商引资政策等投资环境情况之后，F公司认为C公司是最理想的合作伙伴，于是双方针对具体的合作细节展开谈判。

C公司是一家中等规模的国有企业，也是一家专业的SUV生产商。

其主要产品——四门多功能越野车的主要客户群遍布消防、地质、勘探等行业，自有品牌的年销量约为 7 万辆。

在谈判之初，F 公司与 C 公司的谈判小组首先针对谈判的大框架进行了多轮谈判，并在以下方面达成共识：

（1）合资公司将引进 F 公司的第五代 SUV 技术，主打产品为市场价 25 万 ~45 万元的多功能越野车，产品 70% 内销，30% 由 F 公司通过其分销网络销往全球市场。

（2）多功能越野车生产线将分成三期建设，一期项目投资额为 1 亿美元，今后随产能扩大再追加投资，总投资额为 4 亿美元。

（3）F 公司以其商标使用权、设备、专有技术和部分现金入股，控股合资公司 51% 的股份；C 公司以其商标使用权、土地和部分现金入股，控股合资公司 49% 的股份。

（4）主打产品以 F 公司的品牌进行销售，但须保留中方品牌。

（5）涉及商标使用权、设备、专有技术、土地等资产的价值评估均以双方共同认可的国际会计师事务所提供的资产评估报告为准。

（6）合资公司的治理框架为董事会下的总裁负责制。

在这个谈判框架下，谈判双方很快在合资公司章程、技术许可协议、品牌许可协议、国产化与 KD 件（注：KD，即 Knock Down 的缩写，指汽车散件）供应、中方原有品牌的技术升级，以及知识产权归属问题等方面达成共识。

当谈判者面对第二种情形时，强势一方应率先设置对己方有利的谈判规则，而弱势一方应想办法改变强势一方设定的游戏规则。

2. 强势一方如何设计游戏规则

（1）将近期项目和远期项目包装在一起，提升项目对谈判对象的吸引力，吸引更多的谈判对象参与谈判。

（2）设置对谈判对象进行筛选的门槛条件，限制某些不合格的谈判对象参与谈判。

（3）根据己方的核心利益诉求，设置对己方有利且对每一个谈判对象来说都较为公平的谈判流程、议事规则、合同条款及评估标准。

案例5－2：为技术国产化而设置的动车组采购谈判规则

在中国高速铁路建设之初，铁道部准备对时速200公里的动车组在全球范围内进行招标采购，计划采购总数量为140列。

虽然140列动车组订单规模在当时并不算大，但“四横四纵”的全国高铁客运专线网络的远景规划，背后却隐藏着巨大的商机，这是令全球高铁列车制造商都无法抗拒的诱惑，也是铁道部与这些制造商谈判的重要筹码。

因为有了这个极为重要的谈判筹码，铁道部提出了三个竞标条件（即游戏规则）：

（1）所有参与竞标和谈判的外资品牌（庞巴迪、西门子、阿尔斯通、川崎重工等）必须与铁道部指定的两家企业——四方机车或长春客车进行技术合作，才有资格参与竞争。这就意味着这些外资品牌为了获得竞标资格，必须与四方机车或长春客车达成技术转让协议。

（2）技术转让费用与动车组报价必须合理，低价者优先考虑，这样可以排除那些要价过高的厂商。

（3）动车组的国产化率最终要达到70%。

这三个条件其实都剑指铁道部本次采购的核心诉求：中国高铁制造商要以最低的成本、最短的时间掌握日本、德国和法国的先进高铁技术。

以川崎重工为代表的日本厂商联合体（包括川崎重工、三菱商事、三菱电机、日立制作所、伊藤忠商事、丸红六家企业）与南车四方展开了艰苦的谈判。

在某次具体条件的谈判现场，日本厂商联合体的谈判代表表示无法接受中方条件，起身欲离开，并以此举威胁中方谈判代表。

日方代表拉开门准备往外走的时候，中方某谈判代表起身将一个茶杯狠狠地摔在地上，并愤怒地说："如果你们走出这个大门，就永远不要回来。"日本谈判代表只得回到谈判桌上，并最终做出让步。

中方代表非常清楚日本厂商联合体的六个厂商之间的关系并非铁板一块，大多数厂商还是想尽快达成合作协议的，个别厂商的意见不足为虑。

最终，南车四方与日本厂商联合体签约，最终中标 3 包共计 60 列动车组。

长客公司首选的合作伙伴是德国西门子。因为当时铁道部已经有上马时速 300 公里高铁的规划，需要引进动力分散型动车组，而拥有这项新技术的厂商只有日本企业和德国西门子。

但西门子的谈判代表认为自己的技术才是当时铁道部最中意的，所以开出了原型车 3.5 亿元人民币/列，技术转让费 3.9 亿欧元的天价。

因为西门子的傲慢，一直到开标前夜，长客和西门子也没有签署技术合作协议。

当天晚上，铁道部某位高层领导参与长客公司与西门子之间的谈判。他语重心长地对德方代表说："我们非常欣赏贵公司的技术和产品，也非常希望和贵公司达成合作，但你们的出价实在是没有诚意。我可以明确我方的态度——技术转让费用不能高于1.5亿欧元，每列原型车价格不能高于2.5亿元人民币，否则大家就不必浪费时间了。”

德方代表摇摇头，傲慢地说：“这是不可能的。”铁道部这位高层领导平静地说：“我们不希望贵公司因为价格问题而失去中国这个巨大的市场，你们可以内部再沟通一下，五分钟之后给我们一个准确的答复。”

德方代表继续摇头，表示拒绝。

铁道部这位高层领导微笑着起身，扫视了一眼在座的德方代表，说：“我认为各位现在就可以订返回德国的机票了。”说罢头也不回地走出会议室。

第二天，长客宣布与法国阿尔斯通签署合作协议，并大张旗鼓地在全球媒体做了宣传报道。此消息传到德国，西门子股票大跌，谈判团队回国即被集体裁员。

抛弃西门子转投阿尔斯通，并非铁道部不想与西门子合作，而是想通过此事给西门子一个惩罚。

一年之后，铁道部启动了时速300公里动车组采购项目，再次邀请西门子参与竞争性谈判。有了上次的教训，西门子以极大的诚意报出了技术转让费8000万欧元、原型车每列2.5亿元人民币的价格，并最终与当时的北车唐客联合拿下了60列时速300公里的动车组订单。为了获得这个订单，西门子拿出了代表世界动力分散型动车组最高水平的Velaro CN平台技术，充分表达了合作诚意。

在首次高铁技术引进谈判中，除了“中国高铁市场的巨大发展潜力”这一固有型谈判筹码，铁道部的谈判代表还灵活运用“造势”“虚张声势”等创造型谈判筹码增强己方的谈判实力，并以强势谈判者的身份为谈判对象设置了对己方非常有利的“游戏规则”，最终实现了谈判之初设定的谈判目标——动车组技术国产化。

弱势一方的谈判者面对第二种情形是非常麻烦的，因为强势的谈判者一般会在谈判开始之前就设计好游戏规则。弱势一方的谈判者如果一味地顺应强势一方制定的规则，则胜负在谈判还没开始时就已见分晓。

弱势一方若想扭转这种被动局面，唯有跳出强势谈判者设定的游戏规则，想尽一切办法改变游戏规则。

弱势谈判者改变游戏规则的手段主要有以下四种：

（1）引入第三方，借助权威的力量来改变游戏规则。

（2）利用强势一方组织内部的矛盾，使强势一方主动修改游戏规则。

（3）借助舆论的力量对强势一方的游戏规则进行抨击，迫使强势一方主动修改游戏规则。

（4）创意出对双方都有利的、创新性的交易框架。

第二节　弱势一方也可以改变游戏规则

案例 5－3：实力弱小的以色列承包商如何改变了美国国防部的采购规则

1955 年 11 月，越南爆发了北越和南越之间的内战。1961 年 4 月底，美国总统肯尼迪决定向越南派遣特种部队和空军，支持南越部队更有效地打击北越。为了给驻越美军提供食物配给，美军在越南南部建造了很多大型冷库。北越部队的情报人员发现这些冷库之后，就派出北越的飞机不断轰炸这些冷库，导致美军的食品供给出现危机，而修复和重建这些冷库的巨大开支给美国国防部带来很大的经济压力。

为此，美国国防部决定通过招标的方式寻找既能够快速建设冷库，又能低成本维修冷库的承包商。

在招标公告对外发布之后，美国国防部收到了大量的投标文件，其中不乏有实力的冷库承包商的投标文件。在众多投标文件中，国防部官员发现了以色列承包商的投标书的报价比其他承包商的报价低30%左右，这么低的报价显然不合理。国防部官员按照程序要求这家承包商的负责人麦可尔说明他们会以何种方式以如此低的价格完成该项目。

麦可尔解释道："我们承接此项目的方式并不是按照标书的要求修建和维修冷库，而是通过一种新颖而独特的方式完成美军食品配给保障的任务。鉴于这种方法的实施没有太高的门槛，一旦我说出了具体的操作手段，其他更有实力的承包商就可以以更低的价格承接该项目，所以我请求你先承诺将订单交给我们公司做，然后我才会将详细的计划和盘托出。"

美国国防部的官员当场拒绝了麦可尔的要求，说："如果你不能对你们的方案做出合理解释，我们有权宣布你们的投标无效。"

麦可尔表示：他的方法肯定能以低30%的价格帮助国防部完成美军食品配给保障的任务。如果国防部官员不相信他，他可以将自己拥有的价值数百万美元的债券和现金抵押给美国国防部，作为合同履约的保障。如果美国国防部发现麦可尔提供的方案不具可行性，国防部不仅有权单方面终止该合同，还可以没收麦可尔抵押的债券和现金。

美国国防部的官员经过讨论，同意了麦可尔的建议，承诺可以在收到麦可尔提供的抵押物之后将此订单交给麦可尔的公司。

此后麦可尔才放心说出自己的方案：购买或租赁上百艘冷冻运输船，这些冷冻运输船更方便隐藏和移动，避免北越空军的轰炸。这些“移动的冷藏库”不但可以更好地完成美军食品配给保障的任务，而且购买和维修的成本更低廉。

实力弱小的承包商麦可尔在强势的美国国防部官员面前，似乎只有完全遵照对方的规则去投标和谈判，没有任何改变规则的谈判筹码。

面对困境，聪明的麦可尔创意出一个新的交易框架，并且“比其他承包商的报价低30%”，吸引美国国防部官员与其深入沟通新的交易框架，最终改变了游戏规则。

由此可见，如果谈判中的弱势一方能够创意出对彼此都有利的双赢交易框架，并吸引强势一方共同讨论新的交易框架，就可以驱动谈判规则朝向对己方有利的方向改变。

第三节　用利益驱动关键决策人改变既定谈判规则

规则的本质是利益分配的机制。无论采用哪种方式修改游戏规则，都需要以利益作为驱动力，即需要设计一种新的利益分配机制，帮助谈判者能够通过规则的修改受益。

案例5-4：城轨列车设备采购项目，业主方设置了最低价中标的游戏规则，价格高的厂商如何破局

作为国内经济比较发达的沿海二线城市，为了缓解日益增长的交通压力，大力发展公共交通事业，S市自2012年启动了轨道交通建设项目，2016年前后，S市1号线、2号线先后建成通车。2017年，S市又相继启动了地铁3号线、4号线和5号线一期工程。

2018年年初，项目业主方——S市轨道交通（集团）有限公司决定对地铁3号线车辆首批12台牵引电机进行竞争性谈判。经过前期的技术交流及考察、评审，国内的A公司和B公司均获得参与此项目竞争性谈判的资格。

A公司是一家外地企业，从S市轨交1号线开始就为S市轨交集团提供牵引电机，1号线和2号线牵引电机自安装以来运行良好，从未出现过品质问题。S市轨交集团运营部、新建部等相关领导认可A公司的产品和服务。

B公司是S市省内企业，在当地有着非常深厚的人际关系，曾经为S市轨交2号线提供牵引电机，但运行情况一般，偶尔出一些小故障，但B公司价格比A公司略低。

在双方购买的竞标文件中，业主方明确规定了此次竞标的规则：在同等的技术条件下，最终价格更低者可以获得此项目100%的份额，价高者出局。

初始报价，A公司报价93000元/台，付款方式为首付30%，货到验收合格付65%，质保金5%；B公司报价91500元/台，付款方式为首付40%，货到验收合格付55%，质保金5%。

A、B两家公司派出的谈判代表在初始报价之后分别与S市轨道交通（集团）有限公司的谈判小组展开了长达两周的艰难谈判。

A公司谈判代表反复强调前期提供的1号线和2号线牵引设备目前运行状态良好，A公司在设备的日常运行维护方面付出了很多的人力、物力。在此项目中，本着长期合作的态度，A公司愿意给出最有诚意的价格——91800元/台，延长设备质保期半年并附赠价值1.5万元的易损配件，但要求S市轨道交通（集团）有限公司除了3号线，4号线和5号线一期工程也需要给予优先考虑。

B公司谈判代表在谈判过程中表示自己是本地企业，在售后服务支持方面比对手更加及时，在价格方面也愿意给予最大的让步——87500元/台，并可延长设备质保期一年。

由于在此次谈判中B公司给出的价格更低，其他附加条件也比A公司更优惠，所以S市轨道交通（集团）有限公司采购小组已经准备正式公布B公司中标3号线（一期工程）首批12台牵引电机。

眼看价值百万的订单就要落入对手囊中，A公司的谈判代表决心背水一战。

通过一位友商高层领导的引荐，A公司的谈判代表拜见了S市轨道交通（集团）有限公司总经理。见到总经理之后，A公司的谈判代表首先回顾了在1号线、2号线的前期筹备阶段A公司在技术和选型方面给S市轨道交通（集团）有限公司提供的支持，以及在1号线、2号线开通运营之后在运维服务及配件保障方面做出的努力。接着，A公司的谈判代表提醒总经理：城市轨道列车牵引电机相当于列车的"心脏"。一旦牵引电机出现问题，轻则影响列车准点运行，重则可能导致重大安全事故，甚至给整个城市带来不良影响，不要因为省几万元而给城轨列车的安全运行埋下隐患。

总经理当时并未明确表态，只是告诉A公司的谈判代表自己会考虑他的建议。

第二天，A公司的谈判代表通过新建部一位领导了解到：前一天总经理把采购部、新建部和运营部的几位领导叫过去了解A、B两个厂商的情况。新建部和运营部对A公司产品以往的运行情况给予了高度肯定，认为A公司的产品和技术更加可靠，服务也更到位。采购部总监则认为此次谈判A公司的价格没诚意，所以才准备选择B公司。

总经理最终拍板：价高者出局这种谈判方式确实可以降低设备采购成本，但也会造成差一些的设备厂商中标概率大，也不合理。建议采购部会同新建部和运营部共同商定一个新的采购规则，大原则是运用综合评分法重新与两家谈，价格分的比重不应超过50%。

采购部总监此后将谈判评分规则修改为：价格分50%，技术分占比40%，商务分占比10%，获得了总经理的认可。

在接下来的谈判中，由于A公司在技术得分方面比B公司高，所以最后算下来的总分比B公司高，似乎已经成功挽回了败局。

B公司眼看就要丢掉唾手可得的订单，自然不甘心。他们通过本地人脉找到S市轨道交通（集团）有限公司的上级主管部门，让上级主管部门找到S市轨道交通（集团）有限公司，提醒他们要优先考虑支持本地企业。

两头为难的总经理最终决定：将地铁3号线车辆首批12台牵引电机和第二批18台牵引电机合并采购，A公司20台，B公司10台。

最终的结果是：A公司在初始报价93000元/台的基础上让步至91500元/台，延长设备质保期半年并附赠价值2万元的易损配件，拿到了20台牵引电机的订单。

从S市轨道交通（集团）有限公司地铁3号线牵引设备采购谈判初期的情况来看，在S市轨道交通（集团）“价高者”出局的游戏规则框架下，价格更高的A公司似乎注定是失败者。但A公司的谈判代表跳出了明显对B公司有利的游戏规则，通过影响S城轨公司总经理改变了游戏规则，最终赢得了订单。

改变游戏规则，首先需要在谈判对手内部找到愿意支持游戏规则修改的关键决策人，然后再从关键决策人的个人利益角度说服他改变主意，包括从关注短期利益变成关注长期利益，从关注局部利益变成关注全局利益，从关注物质利益变成关注社会效益等。

总经理之所以支持A公司修改游戏规则，是因为采购到更可靠的产品对他的职业发展和公司的长远发展更有利。

第六章　引入外部变量改变谈判局势

有句叫："当局者迷，旁观者清。"意思是局中人往往不如局外人更能看清局势。当局者为什么会"迷"呢？因为他们的思维已经被困在局里。旁观者为什么"清"呢？因为他们的思维是可以在局里、局外自由穿梭的。

当一位谈判者在谈判桌上处于劣势时，说明他手中的谈判筹码偏少。此时谈判者最应该做的事情不是在谈判桌上继续受煎熬，而是应该暂时离开谈判桌，去寻找能够改变谈判局势的外部变量。

能对谈判局势产生影响的外部变量主要有三种，分别是时间/期限变量、空间变量和第三方变量。

第一节　如何利用好时间/期限变量

1. 不可忽视的时间/期限变量

炎热的夏天，一个小男孩和妈妈在路上走，小男孩又热又渴，就想让妈妈给自己买一根雪糕。妈妈于是走到路边的超市买了一根雪糕，然后拿着雪糕和小男孩商量："这么大的雪糕，你一个人吃完可能会肚子痛，咱们一起吃好不好?”小男孩说：“好。”然后妈妈就一口咬掉一半的雪糕，看到雪糕少了一半，小男孩气得一边跺脚一边哇哇大哭，非要妈妈重新给他买一根雪糕。此时，妈妈生气地说：“不可能再给你买一根雪糕。要么吃我手里的一半雪糕，要么一半雪糕也没得吃。”

看到小男孩仍然跺着脚哭，妈妈一甩手把已经开始融化的半个雪糕扔进垃圾桶，转身就走了。这时候小男孩一边哭一边追妈妈，还非常可怜地说：“妈妈，你等等我，我不买雪糕了，我不买雪糕了……”

在小男孩与妈妈的这场谈判中，时间是一个对谈判局势产生重要影响的变量，因为随着时间的推移，不仅妈妈的耐心在快速消耗，妈妈手中的雪糕也在快速融化，最终的结果就是谈判的标的——雪糕彻底消失在垃圾桶里。

某工业园区的项目建设需要占用某村村民的集体土地。为了获得更多的拆迁补偿，某村民做起了“钉子户”，要求拆迁办补偿自己六套房子。双方谈了三年，一直未能就拆迁补偿方式达成协议。到了第四年的时候，工业园区已经建成，并且用围墙把“钉子户”的住宅圈在围墙之外，此时“钉子户”不仅失去了与拆迁办谈判的筹码，还改变了双方谈判的标的——原来约定返迁的小区已经没有房了。

“钉子户”只好降低要求，请求拆迁办按照政府拆迁标准补偿五套房屋。而拆迁办的人表示无能为力：该工业区已经建成，他们的房子不拆也不影响工业园区的正常运营，所以没有必要拆了。即便是拆了，短时间内也没有房子分给他们。

在“钉子户”与拆迁办的这场谈判中，时间同样是一个对谈判局势产生重要影响的变量。在工业园区开工建设时，“钉子户”最有谈判筹码，随着工业园区的建成，“钉子户”的谈判筹码消失了。

时间/期限变量是谈判中最重要的影响变量，也是最容易被谈判者忽视的变量。因为随着时间的流逝和某个期限的临近，谈判双方的谈判筹码甚至谈判标的都会发生改变，这些改变会对谈判双方的心理或多或少地产生影响，从而最终改变谈判局势。

高明的谈判者总是在谈判之前就对时间/期限变量对谈判局势造成的影响进行准确评估，并根据评估结果决定如何借助时间/期限变量向谈判对手提出更多条件，或者如何降低时间/期限变量对己方利益造成的影响。

在谈判前回答如下几个问题有助于谈判者准确评估时间/期限变量对谈判局势造成的影响：

问题1：随着时间的流逝，谈判双方的谈判筹码各自会发生什么样的变化？哪一方的谈判筹码会随着时间的流逝而增加？哪一方的谈判筹码会随着时间的流逝而减少？

问题2：随着时间的流逝，谈判双方的谈判标的会发生怎样的变化？这种变化对哪一方更有利？

问题3：如果谈判双方未能在某个期限前达成协议，哪一方更无法忍耐或坚持下去？

2. 运用时间/期限变量的两种策略

时间/期限变量的运用主要涉及两种策略，分别是“拖延”策略和“最后期限”策略。当拖延谈判对谈判者有利而对对手不利时，就应该采用“拖延”策略。反之，就应该采取“最后期限”策略。

如果旷日持久的谈判有助于某个谈判者获得更多的谈判筹码或者利益，那该谈判者就应该拿出足够的耐心，采取“拖延策略”，放慢谈判的节奏，以时间换空间。正如美国著名投资家巴菲特所说：“偶然做出的成功投资却要求长期无所作为、静静等待，耐心是一种美德。”

在同等条件下，在谈判中有耐心的“闲者”会比没耐心的“忙者”更能把握对己方有利的谈判筹码，并借此削弱对方的谈判筹码。谈判中陷入僵局的情况很像路上堵车，两边的司机都不愿主动倒车退让，而是希望对方倒车让自己先走。最终哪一方肯让步，关键看谁的时间多，还有就是看谁能熬得住。

在谈判双方都没有其他额外成本或机会损失的情况下，谈判结果通常是对有耐心的一方较为有利。如果谈判双方中有一方需要承担时间拖延导致的其他额外成本或机会损失，而另一方没有这些顾虑，那么需要承担成本或机会损失的一方倾向尽早结束谈判，谈判结果往往对没有承担其他额外成本或机会损失的一方有利；如果双方都需要承担成本或机会损失，就要看哪一方承担的成本或机会损失更多了。

比如在房价进入上涨周期时，拖延时间会给买家造成较大损失而对卖家却非常有利，所以买家希望尽快成交，而卖家则不慌不忙，故意拖延成交，致使那些缺乏耐心的买家接受卖家的加价要求。

案例 6-1：日本公司如何通过使用“拖延策略”获得谈判优势

数年前，美国某公司的一位高管代表本公司到东京与日本公司进行商务谈判。日本公司通过内线情报了解到这位高管刚刚通过竞聘进入这家公司，急于通过这场谈判证明自己的能力。

为了确保本次谈判获得成功，这位高管在前期做了大量的准备工作，甚至阅读了许多关于日本民族特点和行为风格的书籍。鉴于公司还有其他事务要处理，他为此次谈判留出了非常充足的时间——12天，并在出发前订好了返程的机票。

抵达日本东京之后，他受到了日方的热情接待，两名日方高管亲自去机场迎接他。在从机场赶往酒店的路上，日方高管热情地提出帮他安排返程的车辆，这位高管非常感动，告诉日方人员自己的返程航班，于是日方公司的高管通过返程航班的日期了解到了美方高管的时间期限。

第二天，美方高管一早就被日方代表从酒店接到公司，但没有立即谈判，而是盛情邀请他到日本几个知名的旅游景点观光，从富士山到京都再到北海道，一周时间就这样过去了。旅游非常消耗体力，所以日方代表又非常体贴地安排他休息几日。

第十天，谈判总算正式开始了。由于大家难以在相关条款方面达成共识，谈判在中午时就草草结束，日方代表又邀请美方高管玩了一下午高尔夫。

第十二天上午，双方又恢复了谈判。正当双方的谈判深入到问题的核心时，送美国高管去机场的大巴来了，结果所有的人都挤进大巴车里，继续商谈条款。最后在大巴车开到飞机场时，双方达成了交易协议。

可想而知，最后的这场谈判是以美国高管的惨败而告终。

回过头来看整个谈判过程，日方人员一开始就用周到的服务迷惑美方高管，在弄清了他的回程日期后，先是通过一系列的旅游活动拖延时间，再将谈判压缩到最后一天，这样就给对方造成很大的时间压力。美国高管为了证明自己的能力，不可能无功而返，最终只能草草签订协议。即便是他准备了再多的东西，有再多的耐心，在如此短暂的时间也难以施展。

如果旷日持久的谈判会导致某个谈判者逐渐丧失谈判筹码或者利益，谈判者就应该就采取“最后期限”策略，给对方提出一个明确的最后期限，并告诉对方如果不能在最后的期限达成协议，或者取消谈判，或者取消先前承诺的优惠条件，或者将与其他谈判者达成协议……以此给对方施加压力，把时间的压力转移到对方身上，尽快结束谈判。

案例 6-2：艾柯卡如何在谈判中为谈判对手设置时间期限

李·艾柯卡（Lee Iacocca）接手濒临倒闭的克莱斯勒汽车公司总经理的职位时，这家公司已经连续几个季度亏损，每个季度亏损额一度高达 1.6 亿美元。

经过深入调研，艾柯卡发现克莱斯勒公司的财务管理十分混乱，现金流几近枯竭，产品积压严重。艾柯卡决定立即采取措施控制成本，减少公司现金流的消耗，并在裁员策略和降薪策略之间选择了降薪策略。

为此，艾柯卡首先要求高管们主动降薪 10%，并从自己做起，把自己的年薪从每年 30 多万美元降为 1 美元，进而要求工人的工资也从 20 美元/小时降为 17 美元/小时。

降薪政策受到了克莱斯勒公司工会的坚决抵制，他们派出代表与艾柯卡进行谈判。艾柯卡的态度十分强硬，工会代表也寸步不让，并不断组织工人罢工，给艾柯卡施加压力，双方为此僵持了一年之久。

一天晚上，艾柯卡再次约见工会谈判代表，说：“在我们就降薪问题谈判的一年时间里，公司的经营状况不断恶化，现金流几近枯竭。所以我给诸位八小时的时间考虑，如果明天早晨各位还不同意降薪的要求，我只好宣布公司破产，大家就自谋出路吧。”

工会代表们面面相觑，在经过短暂的讨论之后，他们最终接受了艾柯卡的降薪要求。

在艾柯卡与工会代表就降薪问题进行谈判时，时间并不在艾柯卡这边，所以艾柯卡果断采取了“最后期限”策略，使对自己越来越不利的局势得以终止。

案例6-3：谈判双方都采取“最后期限”策略，谁会赢

××礼品是一家专业生产圣诞节礼物的公司，在业界知名度较高。他们的产品包括圣诞帽、圣诞树及各种圣诞节礼物。××百货是××礼品公司的大客户，坐落于某一线城市CBD的高端商场，××百货每年圣诞节都会提前两个月向××礼品公司下单订购圣诞节礼品。

在新的一年圣诞节到来之前，××百货的采购员又与××礼品公司的销售联系圣诞节礼品的事情，并提出最近两年圣诞礼品市场竞争较为激烈，预计几家知名电商网站的促销力度非常大，会对实体店的销售形成较大威胁。

为了应对电商网站的低价竞争，他们希望联合××礼品公司进行促销，同样的品种要在去年价格的基础上降3%。××礼品公司的销售经理据理力争，说××品牌的销量多年来一直位居本地区第一名，深得消费者信任，不会与电商网站上那些小品牌打价格战。

由于双方分歧较大，在十月初进行了一次面谈之后，谁也没提出第二次面谈时间，而圣诞节却越来越近了。

××礼品公司的销售经理认为：最近几年××品牌已经在本地打响，消费者非常认可××品牌。如果××百货在圣诞期间没有××品牌的圣诞礼物销售，一定会影响商场的销售额，所以××百货的采购人员最终会接受按去年的价格下单，自己只需要耐心等待。

此时，××百货的采购人员也在等着××礼品公司销售人员降价。他认为××礼品公司的品牌是依靠××百货打响的，作为本地高端商场，客户信任的是××百货而不是××品牌，××百货可以捧红××品牌，也可以捧红其他品牌。面对电商对线下百货行业的冲击，××百货必须采取相应的措施，如果××不肯降价合作，他们就联系其他厂商，能生产圣诞礼物的公司不仅××一家，目前主动和他们联系的厂商基本都同意联合促销的要求，如果本周内××礼品公司还不答应他们的要求，他们就和另外几家潜在供应商谈合同。

××礼品公司的销售经理和××百货的采购员在谈判中都面临圣诞节这个最后期限的压力，究竟谁会先让步呢？

最终的结果是：××百货的采购人员一周之后放弃了与××礼品公司的谈判，迅速与另一家生产圣诞礼品的公司签订了合同，并在当年与该厂商联合展开圣诞节促销活动，销售额比上一年增长了30%。而××礼品公司由于没有能够拿到××百货的年度订单，其他客户的订单也受到电商的冲击有所下滑，导致当年本区域销售业绩下滑了40%，也失去了××百货这个优质客户。

在本案例中，××百货对××礼品公司的依赖度不如××礼品公司对××百货的依赖度高，而且××百货有更多的退路，所以××公司的销售经理选择的“拖延策略”无效。因为在临近圣诞节这个最后期限，××百货的采购人员可以迅速与其他厂商达成协议，而××礼品公司没有更好的选择。

如果××礼品公司的销售经理能够充分认识到电商对线下实体店造成冲击的事实，拿出合作的诚意与××百货联手促销，不但双方的销量都会提升，而且不会失去××百货这样的大客户。

当谈判双方都使用“最后期限”策略威胁对方时，双方谁先让步主要看谁离不开谁，或者说谁的退路更多。在谈判筹码方面旗鼓相当的谈判者都面临最后期限的压力时，选择合作策略要比选择“拖延策略”更加明智。

第二节　如何利用好空间变量

所谓空间变量，就是谈判地点和谈判场地。当谈判者手中的谈判筹码已经用到极限但仍然无法扭转谈判局势时，不妨考虑转换谈判地点和谈判场所，因为谈判地点和谈判场所的改变，不仅会使谈判双方的谈判筹码发生改变，还会使谈判双方的心理状态发生变化。

公元226年，魏文帝曹丕患重病，临终时任命司马懿与曹真等人为辅政大臣，共同辅佐魏明帝曹叡。魏明帝曹叡执政时期，司马懿先后担任大将军、太尉等职，权倾朝野，这引起了曹氏家族族人的不满。

公元239年魏明帝曹叡病逝前，任命曹爽为大将军，与司马懿共同辅佐幼帝曹芳。此后，曹爽先是撺掇幼帝曹芳将司马懿晋升为太傅，削其兵权，后又将自己的几个亲戚和心腹都安排到重要的岗位上，进一步把司马懿架空。司马懿为了避其锋芒，干脆称病在家，不理朝政，甚至通过装疯卖傻的方式麻痹曹爽。

公元249年，曹芳率曹爽等人离开洛阳去高平陵（注：高平陵为魏明帝曹叡的陵墓，位于洛阳市城南90里的汝阳县）拜祭魏明帝曹叡，司马懿趁机借素来与曹爽不和的郭太后之名发动政变，下令关闭洛阳所有的城门，接管曹爽的兵权并亲率三千亲兵抓捕了曹爽及其党羽，最终将曹爽及其党羽悉数诛了三族。司马懿发动的这场政变就是中国历史上著名的“高平陵之变”。

司马懿之所以选择在高平陵抓捕曹爽及其党羽，是因为洛阳遍布曹爽党羽，自己在洛阳发动兵变毫无胜算。只要曹爽离开洛阳这个地方，双方的力量对比就可以瞬间发生逆转。这就是空间变量对于博弈双方的力量带来的影响。

谈判者在选择谈判地点时要坚持哪些原则呢？笔者给大家三个建议：

1. 尽量将谈判地点选在自己的主场

在自己的地盘上谈判，谈判者往往可以得到较充足的资源支持。比如供应商的销售人员邀请客户来公司谈合作，既可以使客户“眼见为实”，亲身感受供应商的实力，又可以调动技术、生产、研发等部门的专业人士与客户进行充分的沟通，甚至公司的高管也会亲自出马与客户会晤，使客户更容易对公司和产品建立信任。

案例6-4：亚洲某鞋厂如何通过转换谈判地点扭转谈判局势

一家美商A公司与一家亚洲鞋厂B公司曾就一批运动鞋代工订单展开谈判。开始时，双方的谈判地点设在A公司总部，A公司借助主场优势，派出多名谈判代表轮番向B公司施压，并开出了低到令B公司无法接受的采购价格，谈判最终陷入僵局，B公司的谈判代表无功而返。

后期，B公司以邀请美商验厂的名义将美商的谈判代表邀请至本国谈判。在亲眼见到B公司的技术实力、生产规模和为竞品公司生产出来的成品鞋之后，美商谈判代表提高了给B公司的报价，双方成功签约。

在自己的地盘上谈判，可以减少旅途劳顿，使谈判者精力更充沛，心态更从容，不易因时间或空间因素而影响正常发挥。

在自己的地盘上谈判，可以使谈判者建立“领地意识”，激发谈判者的竞争欲和信心。

“领地意识”是指个体对入侵自己领地的行为有本能的保护意识。一旦遇到外来的入侵者，他们就会对入侵者进行攻击。行为学家Morris通过测试足球运动员在三场主场比赛、三场客场比赛和三场训练时的雄性激素水平，发现球员们在主场比赛时的雄性激素水平要比客场作战时和平时训练时高很多。

2. 尽量选择更公平、更安全的谈判地点

俗话说：“游龙搁浅遭虾戏，虎落平阳被犬欺。”远离主场的谈判者不仅无法得到资源方面的额外支持，还可能在客场丧失原有的谈判筹码。

国外某大品牌市场部门发现一个小厂家假冒自己的品牌在网上进行销售，于是他们委托了一个律师与这个小厂家交涉。小厂家的负责人开始时态度很诚恳，邀请律师到自己公司的所在地商谈。当律师来到这个小厂家的所在地之后，刚下飞机就被带进了当地的警察局，警察局扣押他的罪名是：有人举报他敲诈勒索。后经多方协调，这位律师才被释放，但索赔的事情只能拖延。

所以，谈判者即使无法选择在主场谈判，也要尽量选择对双方都公平、对自己更安全的谈判地点。

1943年10月，“二战”接近尾声，战争逐渐朝向有利于同盟国的方向发展。同盟国的首脑斯大林、罗斯福和丘吉尔为了商讨对德作战计划，以及在欧洲开辟第二战场的问题，决定召开一次会议。在商讨会议举办地时，罗斯福和丘吉尔建议在埃及首都开罗或者伊拉克首都巴格达中选择一个，而斯大林要求将会议地点改在伊朗首都德黑兰，因为连接德黑兰与莫斯科的电话线是由苏联部队管辖的，只有在德黑兰才能确保斯大林与莫斯科总部之间的通信安全。最终丘吉尔和罗斯福妥协，同意将会议的地点选在德黑兰。

3. 围绕谈判目标选择谈判地点

有一位女士经人介绍认识了一位男士，第一次相亲的地点被男士安排在一家灯光昏暗的餐厅，看不清楚男士的脸的女士被男士的谈叶吸引，同意继续交往。由于男士说自己上班较忙，没有时间在白天约会，所以他们约会的时间往往放到晚上，男士选择的约会地点都是灯光昏暗的电影院、酒吧或餐厅。几个月之后，他们第一次在白天约会，女士才发现男士长得不好看，但这时女士已经爱上了这位男士。显然，这位男士是利用谈判地点达成“不可告人目的”的高手。

如果一个特定的谈判地点能帮助谈判者达成某种特殊目的，谈判者就应该主动要求把谈判地点选择在该特定地点。

某采购经理需要就一个很大的采购项目和一个重要的供应商进行谈判。在第一轮谈判之后，供应商拒绝了采购经理降价的要求，谈判陷入僵局。

此后，采购经理来到该供应商最大的竞争对手所在的城市，邀请供应商的谈判代表再谈一次。这种安排代表着采购经理对供应商谈判代表的一种明显的暗示：如果双方此次谈判不成功，采购经理可能会与他们最大的竞争对手签约。

第三节　如何引用第三方变量扭转谈判局势

两个孩子为争夺玩具而发生争吵，父母总会及时干预；当丈夫和妻子因为家庭琐事争吵甚至“冷战”时，双方的亲友总会进行调解；当两个国家因为边界问题发生武力冲突时，联合国总会派出代表调停。

在大多数场景下，在两个谈判者的背后，都存在可以影响谈判局势的“第三方”。当谈判陷入僵局时，第三方力量的介入可以帮助其中一位谈判者轻松改变谈判局势。

案例6-5：利用第三方力量“搅局”，订单失而复得

某工程机械制造商的采购经理胡×准备按照生产计划采购一批工业轴承。通过初期的询价和后期的谈判，胡×最终在A、B、C三家供应商中选择了报价最低的A供应商，最终双方协商一致的合同价格为376.5万元。

就在胡×与A供应商的销售经理起草完合同，开始走合同评审流程之际，A供应商的竞争厂商B供应商通过走高层路线说服了胡×的上级领导——采购总监，争取到再次报价的机会。虽然B供应商这种做法让胡×非常生气，但合同评审流程尚未完成，B供应商再次报价也是符合公司规定的。

因为再次与B供应商谈判是采购总监的意思，作为下属的胡明无法拒绝，所以他不得不暂时终止与A供应商签约的流程，转而与已经落选的B供应商进入新一轮谈判。

出于与A供应商保持长期合作关系考虑，胡×把这个情况透露给A供应商的销售经理，并告诉他B供应商给出了367万元的价格，期望他能报出比A供应商更低的价格，这样自己仍然有充足的理由把单子交给A供应商做。

A供应商的销售经理认为自己原来报出的价格已经是最有诚意的价格，没有继续降价的空间。最终，胡×只能与报价更低的B供应商签约。

在上述案例中，胡×的上级领导——采购总监就属于“第三方力量”，他的出现使原本占据绝对优势的A供应商立刻处于劣势地位，却令已经被淘汰的B供应商“起死回生”。

“第三方力量”在谈判中的影响力，要么来自它的中立性，要么来自它的权威性，要么来自它的威慑性。典型的第三方力量包括：

（1）被谈判双方都认可的、处于中立立场的人或组织。

（2）对谈判双方都具有制约力的人或组织。

（3）加入谈判就能改变谈判双方力量对比的人或组织。

初中生A同学和同班的B同学因琐事发生了口角，最后两个人动起手来，A同学把B同学的鼻子打出血了。结果当天下午A同学被B同学的父亲堵在学校门口打了。

A同学的家长看到自己家的小孩被打，闹到辖区派出所。此后学校领导和派出所民警作为第三方介入此事，把两个同学的家长叫到学校调停双方的纠纷。经过学校领导和派出所民警调停，最终达成如下协议：

（1）打人的A同学和B同学的父亲互相给对方赔礼道歉。

（2）学校给予A同学记过处分。

（3）B同学的父亲需要赔偿A同学一千元，并负担其医疗费用。

（4）A同学的家长需要负担B同学的医疗费用。

在学校领导和派出所的干预下，A同学和B同学的冲突最终得以妥善解决。

在这个案例中，学校领导和派出所民警之所以能够成为第三方，是因为学校和派出所民警对当事人来说既具有中立性，又具有权威性和威慑性，相当于裁判员。但很多时候，第三方力量并非充当裁判员的角色，而是作为中间人促使谈判双方打破僵局，重启沟通。

谈判中的第三方力量并非真实存在的，很有可能是被某个谈判者杜撰或虚构出来的。只要谈判对手相信了第三方力量的存在，就会从心理上使谈判对手受到这种力量的影响。比如采购经理可以向供应商暗示还有其他（可能并不存在）的竞争厂商参与竞争，通过虚构第三方力量来影响供应商的决策。

既然第三方力量的介入对谈判局势的影响非常大，谈判者就必须在谈判过程中准确评估和把握第三方力量可能给谈判带来的各种影响。

为此，谈判者需要回答以下九个问题：

（1）是否存在可以影响谈判形势的第三方力量？

（2）第三方力量是否愿意介入谈判？

（3）第三方力量介入谈判会给他们带来哪方面的利益？

（4）第三方力量不介入谈判会给他们带来哪些威胁?

（5）第三方力量一旦介入谈判，会对谈判形势的影响产生什么影响?（例如，是否会增加某一谈判方的谈判筹码? 是否会对谈判双方产生约束力? 是否会改变双方的利益分配格局? 上述改变将会以怎样的方式发生?）

（6）随着时间的流逝，第三方力量的影响会增强还是会减弱?

（7）如果我方主动引入第三方力量，要付出哪些代价?

（8）如果我方主动引入第三方力量，会不会有“引狼入室”的风险?

（9）如果谈判对手引入第三方力量，我方如何应对?

第七章　如何选择合适的谈判风格

第一节　识别并应对四种不同的谈判风格

在日常的工作与生活中，大家可能会发现一个有趣的现象：不同的人，在谈判与沟通的过程中所表现出来的行为模式具有很大差异。

比如同样遇到爱人拒绝分担刷碗的家务时，甲可能会耐心说服爱人分担一些家务；乙可能提出如果爱人能和自己轮流刷碗，自己会很满意；丙看到爱人不愿意刷碗，就任劳任怨地把碗刷了；而丁无法容忍一个不做家务的人，要求爱人必须分担刷碗家务，否则就要离婚。

比如同样遇到餐厅里邻座客人不停地吸烟时，甲可能会大声提出抗议："现在的人怎么都这么不自觉！"乙可能会走过去微笑地对邻座客人说："你抽烟的烟味呛到我了，请你换一个地方抽可以吗?"丙可能会请求服务员给自己换个远离吸烟者的座位。而丁却默默忍受着呛人的烟味，生了一晚上的闷气。

我们把谈判者在谈判与沟通过程中表现出来的这些能够反映其谈判沟通习惯且可显著识别的语言和行为模式称为谈判风格。谈判者谈判风格的形成，既会受其性格、价值观及文化背景的影响，也会受其谈判观念和谈判经验的影响。

对于一位谈判新手来说，谈判风格会直观反映其性格、价值观及文化背景。而对于一位谈判高手来说，谈判风格必须服从其利益目标，他表现出来的某种谈判风格也许只是他选择的一种现场沟通策略。老练的谈判者甚至可以根据不同的谈判对象、不同的谈判场景、不同的谈判目的和不同的博弈策略选择使用不同的谈判风格。

当我们面对一位谈判新手时，应该通过观察其谈判风格来判断其性格及价值观，然后再选择合适的谈判风格来应对。而当我们面对一位谈判高手时，则应通过其谈判风格识别出他的谈判策略，再以合适的谈判策略来应对。

根据美国组织心理学家托马斯（Thomas）和吉尔曼（Kilmann）提出的冲突管理模型，我们可以将谈判风格大致分成四类，分别是妥协型谈判者、迁就型谈判者、竞争型谈判者和合作型谈判者。

1. 妥协型谈判者

妥协型谈判者期望在关系和利益之间找到一个平衡点，既不要因为关系影响利益，也不要因为利益影响关系。他们认为：谈判双方对有争议的问题应该做出对等的让步，他们期待找到公平而又简单的办法分蛋糕，尽快结束谈判。

妥协型谈判者在人际关系方面比较圆滑，尽量避免你死我活的局面出现，追求“赢不全赢，输不全输”的结果，一般能够避免谈判双方激烈的冲突，但也常常因为迎合他人的利益需求而放弃本应该属于己方的利益。

例如，遇到爱人拒绝刷碗的情况，妥协型谈判者期望爱人能与自己轮流刷碗；在与合作伙伴就某价格问题僵持不下时，妥协型谈判者主动退一步，但要求合作伙伴也退一步，以折中的方式确定合作价格；在炎热的夏天，新买的空调出现故障时，妥协型谈判者会给厂家的售后服务部门打电话进行投诉，让他们按照承诺的响应时间派人上门检查，查明原因后分清责任，商讨对策。

面对妥协型谈判者，你要率先找到充足的理由否定对方主张的“公平原则”，拒绝按照他的提议折中。例如，妥协型谈判者期望爱人与自己轮流刷碗，爱人可以提出自己每天负责接送孩子上学，是不是接送孩子也要轮流?

2. 迁就型谈判者

迁就型谈判者缺乏安全感，害怕别人不喜欢自己，害怕因为利益冲突而使关系破裂，非常关注对方的情绪和感受，从不对他人提出期望和要求，而是努力觉察别人的需求和希望，在设法满足对方需求的同时委曲求全。

他们对别人对自己提出的要求很难说“不”，“好”“没问题”是他们的口头禅。

例如，遇到爱人拒绝分担刷碗的情况，迁就型谈判者会默默地把碗全部刷完；在与合作伙伴就某价格问题僵持不下时，迁就型谈判者会尽量按照对方提出的要求合作；在炎热的夏天，当新买的空调出现故障时，迁就型谈判者会反思是不是自己没有按照程序操作，反复查看说明书，自己在网上寻求答案。

有一位知名的女作家，就是典型的迁就型人格。她曾感慨：自己的生活中没有自己，只有他人。在谈恋爱的时候，男朋友因为一件小事而打电话责骂她，她就一直道歉，两个小时不停地道歉。

德裔美国心理学家和精神病学家卡伦霍妮在她的《我们内心的冲突》一书里说：“具有迁就型人格的人对于温情和赞赏有极度需求。这类人非常在乎人际关系，并且对他人的情绪变化、肢体语言和语气语调都比较敏感，反而对自身的利益不是特别敏感。”

因为他们更在乎人际关系而非个人利益，所以应对迁就型谈判者的策略应该是：

（1）如果你不在乎与他的关系，那就毫不犹豫地提出对自己极为有利的谈判条件，如果对方暂时没有答应，你还可以通过故意制造僵局或反复纠缠的方式迫使对方做出让步。

（2）如果你非常在乎与他的关系，那就打感情牌，利用情绪和情感给他们施加压力，最终迫使他们做出让步。

3. 竞争型谈判者

竞争型误判者是以自我为中心的谈判者，把自身利益看得比人际关系更重要。他们在谈判中面对与利益相关的问题会表现出铁石心肠和绝不妥协，甚至会以牺牲对方的利益为代价来实现己方的利益。

竞争型谈判者坚信一切谈判都是双方力量的较量，是一场你死我活的较量。他们非常自信，锋芒毕露甚至是傲慢无礼；他们经常开出极端条件，故意营造压抑的谈判环境，毫无保留地攻击对方的观点，拒绝听从对方的建议，并且常常使用要挟、发怒、最后通牒、中途退场等策略威胁对方。

因为竞争型谈判者总是显得非常粗鲁和盛气凌人，所以他们只能唬住那些妥协型和迁就型的谈判者或者是谈判新手，却会遭到同样是竞争型谈判者或者是合作型谈判者的强力抵制和激烈对抗。只要有更好的合作机会，所有人都不愿意和竞争型谈判者进行第二次谈判。

例如，遇到爱人拒绝分担刷碗的情况时，竞争型谈判者会威胁爱人，你今天如果不刷碗，咱们就离婚；在餐厅就餐时，如果遇到邻座的人吸烟，竞争型谈判者会直接走过去要求对方立即掐灭香烟，并威胁如果对方继续吸烟就打电话举报；在炎热的夏天，新买的空调出现故障时，竞争型谈判者会气愤地打电话给厂家售后服务部门进行投诉，要求立即退货，否则就要让他们在媒体曝光。

竞争型谈判者在谈判一开始就表现出盛气凌人、不肯合作的姿态。与竞争型谈判者谈判，最忌讳的是被他的气势压制，直接认输。因为竞争型谈判者最大的弱点是急躁与缺乏耐心，他们越急躁，我们就应该越冷静，越应该拖延时间，直到他们以平等的姿态对待你。

接下来，谈判者要通过他提出的条件了解他的真正意图，并提出具有创意性的、能够满足双方深层次利益的解决方案。只要满足了他的真正利益诉求，他提出的条件是很容易改变的。

4. 合作型谈判者

合作型谈判者是既关注利益也关注关系的人，他们会想尽一切办法将双方利益和关系最大化，是最理想的谈判对象。

他们会以积极的心态面对复杂的局面，既不会很激进，也不会很消极。他们在谈判中非常善于控制自己的情绪，不急不躁，善于倾听，善解人意。面对对方的提议，他们会表示尊重和理解，尽量避免争吵、个人攻击和威胁。

面对双方的立场分歧，他们会通过引入外部变量、改变交易结构、改变交易规则及增加更多的谈判条件等方式，设计出很多具有创意性的谈判方案，最终实现双赢（win - win）的谈判目标。

例如，遇到爱人拒绝分担刷碗的情况，合作型谈判者会和爱人协商是否需要买个自动洗碗机来解决洗碗方面的争吵；在餐厅就餐时，如果遇到邻座的人吸烟，合作型谈判者会叫服务员过去和他们协商，是否可以灭掉香烟，或者到吸烟区吸烟；在炎热的夏天，新买的空调出现故障时，合作型谈判者会给厂家的售后服务部门打电话进行投诉，告知他们故障的具体情况，鼓励他们想办法帮助自己尽快处理故障，告诉他们如果这次的服务让自己满意，会向公司建议在新办公室装修时也采购他们的产品。

面对合作型谈判者，谈判者应该表现出愿意与其建立长期关系的倾向，表现出与其建立同盟的意愿，对其人品和能力表现出赞许，并更多运用非正式的沟通方式和场所，与他们协商出更具有创意性的、能够满足谈判双方共同利益的双赢谈判方案。

第二节　选择不同谈判风格的四个原则

在经过专业的训练之后，谈判者一般都可以根据不同的谈判对象、不同的谈判场景、不同的谈判目的和不同的博弈策略选择使用完全不同的谈判风格，使谈判风格成为谈判策略的一部分。

以下就是谈判者在遇到利益与关系之间的冲突时选择谈判风格的四个重要原则：

（1）当你面对的冲突只需要考虑利益，不需要考虑关系时，最好选择竞争型谈判风格。

（2）当你面对的冲突既不需要考虑利益，也不需要考虑关系时，最好选择迁就型谈判风格。

（3）当你面对的冲突不需要考虑太多利益，而是需要考虑关系时，最好选择妥协型谈判风格。

（4）当你面对的冲突既需要考虑利益，又需要考虑关系时，最好选择合作型谈判风格。

案例7-1：总经理需要秘书深夜到公司打印紧急文件，而秘书的孩子却生病在家无人照看，总经理应该选择哪种谈判风格

某公司总经理晚上十点半打电话给秘书，说明天自己要向总部汇报工作，需要她马上赶到距离她家十几公里的公司帮自己打印一份重要文件，他明早七点要去公司拿到这份文件，而秘书却非常抱歉地说："我家小孩在生病，丈夫又出差了，所以无法深夜赶到公司加班。"

如果总经理根本不在乎与这位员工的关系，应该选择竞争型谈判风格，告诉她这是她的本职工作，她想办法解决问题，明天一早要是没有拿到文件就炒她的鱿鱼。

如果总经理非常在乎与这位员工的关系，应该选择迁就型谈判风格，告诉她既然孩子生病就不用到公司加班了，好好在家里照看孩子，然后自己去公司打印材料。

如果总经理既在乎个人利益，也在乎与这位员工的关系，应该选择合作型谈判风格，询问并关心她家孩子的情况，建议她找亲属或朋友帮忙照看一下，小孩需要住院，费用由公司负担，但今晚需要打印那份文件。

如果总经理既不想因为这件事影响自己和这位员工的关系，也不想因为关系而影响个人利益，那就选择妥协型谈判风格，告诉她既然小孩子不舒服，晚上可以不用加班了，但是明天早晨必须早点到公司完成这项工作。

第八章　如何布局创造出对己方有利的开局

良好的开始是成功的一半。良好的开场局势好比围棋中的先手优势，既可以使谈判者在谈判的开局就掌握谈判的主动权，取得先声夺人的效果，又可以增强谈判者的信心。在谈判开场布局策划方面，谈判者需要考虑以下四个关键因素，分别是谈判氛围、谈判原则框架、谈判议题/议程和价格锚定。如果谈判者能在谈判开局时牢牢控制四个关键要素，就可以轻松创造出对己方有利的谈判开场局势。

第一节　如何掌控开局的谈判氛围

谈判氛围的运用与控制是一种高超的谈判策略，谈判氛围应服务于谈判者的谈判目标和博弈策略。在谈判开局阶段，高明的谈判者往往会根据谈判目标和博弈策略的需要来主动营造不同类型的谈判氛围进而控制谈判节奏与谈判局势。

一般来说，谈判氛围主要有以下三种类型：低调的谈判氛围、高调的谈判氛围和自然的谈判氛围。

1. 低调的谈判氛围

低调的谈判氛围就是消极、冷淡、紧张、对抗的谈判氛围。谈判者主动创造低调氛围的目的是打压对方的气势，给谈判对手制造心理压力，从而在谈判桌上为己方争取更多的利益。低调氛围的营造手段主要包括指责、攻击、变卦、沉默。

当谈判对手在谈判过程中出现了“失礼”或“失信”行为时，谈判者可以采用指责、攻击、变卦的手段营造低调的氛围；当谈判者不满意谈判对手提出的条件时，可以采用沉默的手段营造低调的氛围。

案例8-1：美国人如何小题大做，运用低调氛围开局为难犯了“错误”的日本人

20世纪90年代初，日本汽车制造商A公司计划进军美国汽车市场，因此亟须在美国寻找一家既有成熟的营销网络，又有雄厚资金实力的美国代理商来为其销售产品。

美国知名连锁汽车销售代理商B公司对此事表现出很大的兴趣。当A公司与B公司的谈判代表约好时间就双方合作的问题在美国纽约市进行第一次正式谈判时，A公司的谈判代表团却因遭遇早高峰塞车而迟到半小时。

当满头大汗的A公司的谈判代表步履匆匆地走进会议室并连连向B公司的谈判代表致歉时，B公司的谈判代表却小题大做，指责A公司的谈判代表的迟到行为证明他们对此次合作谈判毫无诚意。

虽然A公司的谈判代表不断解释，好话说尽，可B公司的谈判代表还是不依不饶。

A公司的某位谈判代表被对方得理不饶人的态度逼急了，于是站起来慷慨陈词：“我们十分抱歉耽误了你们的时间，但是这绝非我们的本意。我们初来乍到，对纽约市的交通状况确实了解不足，对交通拥堵的情况预料不足，所以才导致这个不愉快的结果，为此我们也诚恳地给你们道歉了。我希望不要再为这个无所谓的问题耽误宝贵的时间了，如果你们因为迟到的事情就怀疑我们的合作诚意，我们只好非常遗憾地结束这次谈判。我认为以我们提出的优惠代理条件，不会在美国找不到合作伙伴的。”

日本谈判代表的一番慷慨陈词让美国代理商顿觉理亏，此后再没有提迟到的事情，谈判得以在平和的气氛中开始。

在上述案例中，B 公司的美国人以剑拔弩张的架势开局，原本试图利用 A 公司的日本人迟到的过错制造低调谈判氛围，打压日本人的气势，但最终却被 A 公司的谈判代表利用“以其人之道，还治其人之身”的策略成功破解。如果 A 公司的谈判代表当时没有对 B 公司的谈判代表的攻击、指责予以有力的回击，在整个谈判过程中都将无法以平等的身份与美国人进行谈判，最终的谈判结果可想而知。

和谐的谈判氛围建立在谈判双方彼此尊重、相互信任和相互理解的基础上。创造和谐的谈判气氛并不意味着谈判者一味地忍让和迁就，一味地忍让和迁就只会助长谈判对手的嚣张气焰，最终破坏谈判气氛。面对故意破坏谈判氛围的谈判对手，谈判者必须要有勇气坚持原则与立场，甚至在必要时予以坚决回击。

2. 高调的谈判氛围

高调的谈判氛围就是积极、友好、轻松、和谐的谈判氛围。谈判者主动创造高调氛围的目的是促使谈判双方建立信任感和亲切感，以期创造良好的谈判开局并达成双赢的谈判成果。高调谈判氛围的营造手段主要是赞美、寒暄和叙旧。

高调的谈判氛围可以使谈判双方在情绪上更轻松，更有利于消除彼此间的生疏感和拘束感，为后面相对严肃和紧张的谈判环节奠定一个良好的开局。

谈判者在运用赞美、寒暄和叙旧的手段创造高调的谈判氛围时，需要遵循以下四个原则：

（1）事先了解谈判对手国家或民族的文化、风俗和传统，以及个人的兴趣、爱好、忌讳，尊重并接受彼此的文化、风俗、传统及个性差异。

（2）寒暄的主题可以是天气、地理、人文、历史，也可以是自己的经历见闻或兴趣爱好，还可以是大家都感兴趣的人或事，寒暄时略带幽默会使对方更容易产生亲切感。

（3）寒暄不要过度，3～5分钟即可。长时间的寒暄反而会让对方感觉你比较虚伪或没有诚意。

（4）赞美要有发自肺腑，既不要泛泛的赞美，也不要过度赞美，点到为止。

案例8-2：中国光伏组件厂商谈判代表如何运用高调的谈判氛围开局

欧洲某光伏发电项目总承包商A公司因业务需要想发展新的光伏组件供应商。中国某光伏组件制造商B公司驻海外营销经理高某得知这一消息后立即与A公司采购负责人Albert进行了面对面的沟通，希望Albert能给B公司一个参与的机会。Albert此前没有来过中国，对中国企业抱有成见，对高某的合作提议表现得比较冷淡。

此后，高某又力邀Albert参加在德国慕尼黑举办的国际光伏展并参观了B公司的展台，使Albert对与B公司合作表现出了一定的兴趣，但后期仍然没有采取实质性行动。

过了一段时间，由于生产光伏组件的原料供不应求，原来与 A 公司合作的一家韩国组件供应商和一家美国组件供应商的供货先后出现问题。迫于压力，Albert 才开始与 B 公司驻海外的营销经理高某主动接触，希望尽快到中国参观一下 B 公司的生产基地，然后就下一步合作事宜与 B 公司的高层决策者进行深入交流。

高某立即将此事向公司总经理周某做了汇报。周某认为此次 Albert 主动提出要来中国工厂考察足以显示其合作诚意，B 公司作为东道主理应做好考察的接待和洽谈的准备，使双方高层能够通过此次会晤建立互信和合作关系。

两周以后，A 公司采购负责人 Albert 陪同 A 公司的采购总监 Luke 和技术总监 Elder 来访，B 公司从接机到住宿和餐饮安排都令 Albert 一行非常满意。次日，双方的高管在 B 公司的贵宾室举行了正式的会晤，中方总经理周某以高调的谈判氛围开局。

中方总经理周某："欢迎 A 公司的各位谈判代表来北京进行业务洽谈。我是 B 公司的总经理周某。首先，请允许我介绍我方的谈判代表，这位是我们公司负责欧洲大区业务的营销总监 Tony，这位是我们公司的技术总监 Ernest。"

在双方代表分头握手之后，A 公司采购总监 Luke 说："非常高兴来到美丽的北京，我是 A 公司采购总监 Luke，下面由我来介绍我方的代表，这位是我们公司的采购负责人 Albert，他专门负责光伏组件的全球采购，这位是我们公司技术总监 Elder，他负责工程和项目的管理。"

中方总经理周某："幸会，幸会！各位自欧洲远道而来，旅途辛苦了。你们那里是海洋性气候，湿润多雨，而我们北京夏季炎热干燥，不知各位对北京这里的天气是否还适应?”

A 公司采购总监 Luke：“北京夏季的室外气温要比我们那边略高，但是贵司安排的住宿条件都是一流的，室内温度还是非常舒适的，在此我们对贵方热情而周到的接待再次表示感谢。”

一番寒暄之后，双方在愉快的气氛中进入了正式的洽谈。

3. 自然的谈判氛围

自然的谈判氛围就是自然、平和、严肃的氛围。当谈判双方不甚了解，对对方的态度和诚意也不太清楚时，一般会采取自然氛围的开局。自然氛围的营造手段主要是提问和倾听。

案例 8 -3：销售经理接待初次到访公司的客户，如何以自然的谈判氛围开场

背景：从未合作过的客户来某工程机械制造商 A 公司总部参观考察，A 公司销售经理小张出面接待来访客户。

销售经理小张：“欢迎王总一行莅临我司总部考察交流，我是销售经理张×，负责全程陪同各位。这是我的名片（递上名片）。”

客户方王总：“你好，张经理，这是我的名片（递上名片）。”

销售经理小张：“我比你年龄小，你喊我小张就可以了。我司在路面施工设备方面的产品品类繁多，王总此行主要想了解哪类产品?”

客户方王总：“我们此行主要想重点了解一下贵司的压路机产品。”

销售经理小张：“感谢王总对我司压路机产品的关注。我下午 1：30 先带各位去压路机分厂参观，参观结束后再到压路机分厂会议室与分厂营销副总和总工进行技术交流，你认为这样安排是否可行?”

客户方王总："可以。"

第二节　如何掌控谈判的原则框架和议题/议程

所谓谈判的原则框架，就是在整个谈判过程中谈判双方应共同遵守的、事关谈判双方核心利益的原则性问题，它是谈判的制约条件和指导原则。如果谈判双方中的任何一方不接受谈判的原则框架，都将使谈判变得毫无意义。在重大谈判开始的时候，谈判双方应首先就谈判的原则框架达成共识。

几年前，某中资企业欲并购某跨国企业的个人电脑事业部。跨国企业的谈判代表在双方进行实质性接触时就提出并购谈判的总体原则是不损害被并购方股东的利益和员工的利益，在双方就这个问题达成共识后，才启动后续的正式谈判。在最终双方签署的并购协议中，针对股权收购的价格、股东权益保护、员工补偿等问题做出明确的约定。

谈判的原则框架确定之后，接下来谈判双方就要针对谈判议题展开讨论。

谈判议题既是谈判双方想要通过本次谈判解决的问题的集合，也是谈判双方利益焦点的集合，在谈判开场前提出己方关注的谈判议题是每位谈判者的权力。在谈判开局时提出对己方有利的谈判议题，有助于谈判者达成谈判目标并提高谈判效率。

在确定谈判议题时，谈判者应尽可能将己方关注的议题尽数列入议程，谈判对手也会提出对己方有利的谈判议题。如果双方各自提出的谈判议题比较一致，就有利于谈判议题的确定。如果双方在谈判议题方面分歧较大，则需要先针对每个议题是否可以列入议程展开讨论。

如果谈判双方在谈判开局时没有就谈判议题达成共识，而是开场就急于针对某些议题展开谈判，很可能会因此遗漏一些关键性谈判议题。谈判结束之后再想针对这些被遗漏的议题重启谈判，轻则会增加谈判双方的成本，重则会导致原本达成的协议因新议题的加入而被推翻。

高明的谈判者会在谈判议题设置方面采取“扬长避短、避重就轻”的策略，即主动提出对自己有利的谈判议题，刻意回避某些可能对自己不利的谈判议题，从而确保己方利益的实现。

比如某项目业主与项目承包商就总承包合同谈判时，声称付款方式要完全按照集团公司的要求来，故不需要在谈判中再针对付款方式问题展开讨论，导致承包商在谈判中无法提出己方对付款方式的诉求，相当于谈判还没开始项目承包商就已经做出让步了。

1. 谈判议题设计的四个基本原则

（1）公平原则。谈判议题的设置应同时考虑谈判双方的利益诉求，力求公平。

（2）全面原则。谈判议题要尽量全面覆盖双方利益的焦点。

（3）逻辑原则。当谈判存在多个谈判议题时，谈判者需要将每个谈判议题和谈判目标之间的逻辑关系，以及每个谈判议题之间的逻辑关系梳理清楚。

（4）具体原则。当某个问题涵盖的范围太宽泛时，谈判双方就很难达成共识，此时最好将宽泛的问题尽量具体化。

案例8-4：谈判专家如何通过拆解谈判议题突破谈判僵局

几年前，美国职业橄榄球大联盟（National Football League，简称NFL）与球员工会就劳资问题展开谈判，双方谈判的主要议题是：球员们的总薪酬应该在大联盟年度总营业收入中占多大比例？球员工会的谈判代表提出球员薪酬总额应为大联盟年度总收入的52%，而大联盟谈判代表只同意向球员支付大联盟年度总收入的46%，双方的谈判一度陷入僵局。

因担心球赛停摆的事件再次上演（注：1987年，因大联盟与球员工会未能就收入分配问题达成共识，导致球员罢工24天），大联盟的谈判代表向谈判专家请教突破僵局的思路。

谈判专家在充分研究了大联盟的运营模式之后，发现大联盟的收入主要由三个部分构成，分别是比赛门票收入、出售转播权收入和其他收入（比如广告收入、赞助费、特许商品等）。其中，比赛门票收入和其他收入的提升主要取决于大联盟的投入力度，而出售转播权收入的高低则主要取决于球员在赛场上的表现，球员在场上打得越精彩，转播权收入就越高。

此后，谈判专家建议谈判双方重新设定谈判议题，把营业收入拆解成三个部分：比赛门票收入、出售转播权收入和其他收入，大联盟在比赛门票收入和其他收入方面拿得多，而球员在出售转播权收入方面拿得多。

当双方的谈判议题从原来的“总营收分配比例”这个单一议题变成“比赛门票收入分配比例”“出售转播权收入分配比例”和“其他收入的分配比例”之后，谈判的僵局被打破了。

谈判议题确定之后，接下来就需要确认谈判议程。谈判议程即谈判议题讨论的先后顺序与讨论时间的安排，针对谈判议程的谈判与针对谈判议题的谈判同等重要。因为议题讨论的先后顺序和时间安排，可以在一定程度上影响谈判局势。单一议题谈判一般不太会涉及针对谈判议题和谈判议程的谈判，而统筹议题谈判大都会在谈判之初先讨论谈判议题和谈判议程问题。

2. 谈判议程确定的两个基本原则

（1）逻辑顺序原则：议题的前后顺序安排应该参照逻辑关系上的前后顺序。

比如客户购买产品的时，先要确定产品规格、型号、订货数量，然后谈品质标准，再谈价格和付款方式，最后谈交期、物流方式、交货地点、验收标准、售后服务、索赔、仲裁等事项，这就是一个符合逻辑顺序的谈判议程。如果没确定规格型号和品质标准就谈价格就违背了逻辑顺序原则，在实践中是没办法实施的。

（2）议题绑定原则：如果某些议题之间存在非常强的相关性，无法分开谈，在商讨谈判议程时就应该将这些议题绑定在一起谈。

比如交期和物流方式这两个谈判议题之间存在着非常强的相关性，交期要求太短可能就需要改变物流方式；价格和付款方式、品质标准、订货数量之间也存在非常强的相关性，付款方式、品质标准、订货数量不先确定下来，价格就无法确定，所以这几个条款就应该捆绑在一起谈。

第三节　开局报价（提案）的四个策略

确定谈判原则框架、谈判议题/议程之后，谈判双方就要向对方提出己方的诉求，如果该诉求涉及价格条款，我们称为“报价”或“出价”（在国际贸易谈判中，“报价”或“出价”也被称为“发盘”或

“还盘”）；如果该诉求不涉及价格条款，我们称为“提案”。

为了能够在报价（提案）阶段抢先对手一步建立谈判优势，谈判者可以采取以下几个报价（提案）策略。

1. 灵活运用锚定效应

锚定效应（Anchoring Effect）是一个心理学名词，又被称为沉锚效应。锚定效应理论最早是由诺贝尔经济奖得主丹尼尔·卡尼曼在1974年提出的。

锚定效应指的是人们在对人或事做出判断和决策时，第一信息或第一印象经常在不知不觉中成为人们的参照系，就好像沉入海底的铁锚将人们的想法锚固在某个地方而令其无法挣脱。

锚定效应源自人类的潜意识，是大多数人普遍具有的天性，“先入为主”“刻板印象”是锚定效应在生活中的主要表现形式。在证券市场，交易者对股票价格的判断往往取决于过去的成交价格，在房产交易市场，二手房买卖双方在谈价格时运用的参照系往往是近期相同小区成交的二手房价格，这些现象都属于锚定效应发生作用的例子。

在谈判过程中，如果谈判者能够充分利用锚定效应，在谈判开局时就为谈判设定一个对自己有利的“锚”，就能在后续的谈判中占据优势。开局的报价（提案）就是一个谈判者对谈判对手下“锚”的手段。

某著名商学院教授在课堂上做过这样的实验：

教授将班里的同学分成两个小组，A组和B组，分别代表两家工业齿轮供应商。现在有一家中东的客户发来邮件向他们询价，所询工业齿轮产品的规格、型号完全一样，两家公司销售齿轮的成本价均为12美元/套，教授负责为两个小组翻译中东客户的邮件信息。

A组同学拿到的询价邮件中客户提出的要求是：我们希望贵司的报价不高于30美元/套，而B组同学拿到的询价邮件中客户提出的要求是：我们希望贵司的报价不高于25美元/套。

最终A组同学给出的报价是：31.5美元/套，B组同学给出的报价是26.8美元/套。

在该案例中，教授设计的客户询价邮件已经为A、B两个小组设定了锚定价格，因为对A、B两个小组设定的锚定价格不同，导致两个小组给客户的报价出现了较大差异。

这就是锚定价格的力量。

一般来说，如果谈判者对某种商品或服务的价格非常了解，就应该充分利用锚定效应，率先报价，先入为主。相反，如果谈判者对某种商品或服务的价格不了解，他最好让谈判对手报价。

1869年，年仅23岁的美国发明家托马斯·爱迪生（Thomas Edison）发明了一种股票电报打印设备——改进型股票行情自动收录器并为其申请了技术专利。为了给其他新技术研发提供资金，爱迪生准备以3000美元的价格出售这项专利。一家电报公司看中了爱迪生的这项专利，让爱迪生出价。爱迪生不太了解这种产品的市场行情，非常担心3000美元的要价会将对方吓跑，于是就问对方："你们打算付多少钱买这个专利？"

电报公司的谈判代表说："40000美元，不能再高了！"

最终这笔生意以40000美元的价格成交，这笔钱在当时是一笔巨款。

谈判总要以谈判双方中率先报价的一方所开出的价格作为起始点，这个谈判的起始价格，就是锚定价格。

比如二手房买卖双方估算一套二手房的价格时，总是习惯以同小区、同面积、同楼层、同等装修的其他房子的挂牌价或实际成交价作为起始值，即使那套我们用来作为参照系的房子的挂牌价或实际成交价并不合理。

比如我们估算一幅名画的价格时，总是习惯以同一时代、名气相近的画家、相同的尺寸、相同的风格的画作最近一次拍卖的成交价作为起始值，即使这个价格高得离谱。

比如采购经理在与供应商的销售经理谈价格时，往往会拿其他供应商的报价作为讨价还价的依据，而供应商的销售经理则会以公司制定的价格政策作为自己报价的依据。

在一场关于家用空调采购的谈判中，卖方经过对买方的需求进行探寻摸底之后，给出了 2750 元/台的报价。2750 元/台就成了双方展开讨价还价的起点，即谈判的“锚定价格”。但如果卖方给出的报价是 2850 元/台，这个价格就成了双方展开讨价还价的起点，即谈判的“锚定价格”。

由此可见，对于卖方来说，在谈判开局建立一个较高的锚定价格，会使自己在谈判中处于一个比较有利的位置。而对于买方来说，较低的锚定价格是对自己最有利的。

所以，很多买方会在谈判开局时抢先抛出一个很低的锚定价格，让谈判在较低的价格基础上开始。

比如采购经理在谈判开局并不要求销售人员报价，而是对销售人员说：“我们与现有供应商合作的价格是 2650 元/台，如果你们的价格低于这个价格，我们就可以谈一谈，如果价格高于2650元/台，我觉得没有谈下去的必要了。”

通过这样的话术，采购经理在谈判开局就将价格“锚定”在2650元/台而不是销售人员想报出的2850元/台，使销售人员在开局就处于不利地位。

面对采购经理抛出的锚定价格，销售人员绝对不要认为必须低于这个价格才能成交，而是要以市场行情和其他竞争对手可能给出的报价作为基准，设定一个自己认为合理的锚定价格。

比如采购经理将价格“锚定”在2650元/台之后，销售人员可以这样说：“抱歉，这个价格我们连成本都不够，肯定做不了。我能给你的最低价是2850元/台。这样，销售人员成功地将锚定价格拉回到2850元/台。”

此时采购经理可以说：“开什么玩笑，2850元/台谈都不要谈。”

销售可以说：“抱歉，以我的权限只能给你这个价格。如果你一次性订货量达到500台，我可以向领导申请特价。”

接下来的谈判如果可以继续下去，就是以2850元/台的价格为“锚”展开的。如果谈判无法继续，销售人员也可以以退为进，将2850元/台的价格作为基准，请示领导后在下一次谈判开场时做出让步，第二次谈判其实还是以2850元/台的价格为“锚”展开的。

2. “一揽子报价”策略

所谓“一揽子报价”，就是谈判者考虑到所有可能对报价产生影响的要素之后给出的一系列价格组合。这种组合使价格影响因素和价格之间能够形成函数关系，即以价格影响因素作为自变量x，以价格作为因变量y，每当自变量x发生变化时，因变量y都会随之而发生变化。

比如当客户一次性订货数量发生变化时，供应商的报价就要随之发生变化，100 台订货量对应的价格和 1000 台订货量对应的价格肯定是不同的。

当客户的付款方式发生变化，供应商的报价也要随之发生变化。1 个月付款周期所对应的价格、2 个月付款周期所对应的价格和 3 个月付款周期所对应的价格肯定要有所差异。

熟练运用“一揽子报价”策略的谈判者会在报价时将价格与货期、质量标准、付款方式、交货地点等报价影响因素组合呈现，使每一个价格都对应着一个独特的交付方案，而不仅仅是干巴巴的价格，这种报价策略增加了谈判者在后续讨价还价的自由度。

3. 寻找合适的时机报价（提案）

在谈判中，如果谈判者在谈判对手未能充分了解己方产品或服务的差异化价值之前就贸然报价，无论你的价格是高于对方心理预期还是低于对方心理预期，都有可能使谈判在开局就陷入僵局。

如果谈判对手感觉你的报价（提案）超出自己的心理预期太多，他会失去与你继续谈下去的兴趣；如果谈判对手感觉你的报价（提案）远远低于自己的心理预期，又会对你的产品或服务的品质产生怀疑。

以下两个前提条件同时满足时，才是最合适的报价（提案）时机：

（1）当谈判对手已经充分了解我方产品/服务的差异化价值并产生合作预期之后。

（2）谈判双方对价格的预期相差不大时。

如果谈判对手逼你在开局时出价（提案），可以先给对方一个大致的、相对宽泛的价格（提案）区间，并说：“精确的价格还要根据你这边的规格型号、订货数量、付款方式来确定。”

4. 高开策略

外交家亨利·基辛格（Henry Alfred Kissinger）曾经说过："谈判者最初的开价应该尽量比你预期的成交价格更夸张！"你最初的开价越离谱，你在谈判结束时"勉强"接受的价格就越容易让对方感觉赚到了。

高明的谈判者的开价到底可以有多离谱呢？

1912年，曾担任美国第26任总统的西奥多·罗斯福（也被称为老罗斯福）代表进步党再次参加第28任总统竞选。

为此，他精心准备了演讲稿，并交由其竞选委员会将演讲稿印刷成300万册精美的手册，封面使用的是西奥多·罗斯福神情坚毅的照片。按照计划，他将在接下来的一段时间，带着手册进行巡回演讲，并将手册发放给听演讲的听众以争取选票。

在手册印刷完成之后，竞选委员会的一位员工突然发现宣传册封面照片底下附有一行不起眼的小字：芝加哥莫菲特摄影工作室。

这说明照片的版权归芝加哥莫菲特摄影工作室拥有，未经授权是无法在宣传册上使用的。如果弃之不用，不仅手册的印刷费白白浪费了，还会影响竞选演讲；如果继续使用，则需要向莫菲特摄影工作室支付版权费用，即使以每本手册1美元来计算，也至少需要300万美元。

竞选委员会负责人乔治·珀金斯雇佣私家侦探去打探芝加哥莫菲特摄影工作室的情报。私家侦探回来之后告诉乔治·珀金斯，芝加哥莫菲特摄影工作室的老板莫菲特正面临财务困境，一心想通过努力经营工作室赚钱。

此后，乔治·珀金斯让下属给莫菲特摄影工作室发了一份电报，内容是："我们是西奥多·罗斯福竞选委员会，想使用你们拍摄的罗斯福总统的照片做竞选宣传手册的封面，计划印刷并分发300万册，这将给工作室带来巨大的宣传效应，你们愿意为此付多少钱？请速回电。”不久，莫菲特摄影工作室回复：“我们以前从未接触过此类业务，但如果手册能分发300万册，我们愿意为此支付250美元的费用。”

运用“卖方报价（提案）要高于预期成交价，买方出价（提案）要低于预期成交价”这个原则的目的是：

（1）为谈判设定有利于自己的、较高的锚定价格。

（2）为自己留出充足的谈判让步空间。

（3）给对方让步之后，让对方有“赢”的感觉。

（4）如果对方欠缺谈判技巧，你可能侥幸获得这个价格。

正式报价（提案）最好是书面形式的，比如信函、传真、邮件等，以便在后续谈判中保留证据。无论什么形式的报价（提案），都必须十分干脆、肯定，不可含糊其词，也不能使用“大概、差不多”这样的字眼。

第四节　如何试探出对方对报价的接受程度

谈判者在合适的时机给出报价（提案）之后，还要通过探寻摸底的方式来试探谈判对手对于己方报价（提案）的接受程度，以便制定后期的讨价还价策略。

一旦走上谈判桌，谈判者对于谈判对手的各种试探或者摸底的行为都会保持高度警觉，所以探寻摸底必须以相对隐蔽和不易觉察的方式展开，这对谈判者的提问和倾听能力、分析判断能力和观察能力提出较高要求。

在探寻摸底的过程中，谈判者不仅需要察言观色，还要听懂对方的弦外之音，并且能从多个方面、多个角度理解对方每一句话、每一个动作甚至是每一个眼神传达的意图。

谈判者既要运用一些技巧引导对方说出自己的观点，又不能完全相信对方的观点，更不能仅凭只言片语就妄下论断。

当对方开始阐述观点时，谈判者应该耐心倾听，积极肯定，切勿因对方提出不同意见而急于反驳，导致探寻摸底的渠道被彻底堵塞。

1. 探寻摸底的提问方式

探寻摸底的提问方式可以按照“开放式问题 – 试探性拒绝 – 假设式问题 – 封闭式问题”的逻辑顺序进行。

所谓开放式问题，是指对回答者回答的内容不严格限制，给予对方自由发挥的余地的问题。比如在哪里、什么时间、什么地点、什么情况、什么人、为什么之类的问题，都属于开放式问题。

所谓试探性拒绝，不是直接否定和拒绝，而是一种闪烁其词、似是而非的拒绝。常用的试探性拒绝的语句包括“很难办啊”“没有先例”“无能为力”等。

假设式问题，是指提问者假设出一种场景，让回答者阐述如果遇到这种假设场景，自己会产生的想法或会采取的行动方案，假设式问题的句式通常以“如果”“假如”这样的词开头。比如某采购经理问供应商的销售经理：“假如我们一次订货量达到目前订货量的两倍，你给我什么价?”这就是一个典型的假设式问题。

封闭式问题，是指提问者在提出问题的同时已经设计好了备选答案，使对方的回答被严格限定在有限的备选答案中。运用封闭式问题可以使提问者精准锁定对方的真实想法。封闭式问题常常以“是不是”“对不对”“你更喜欢哪一个”结尾，使对方只能回答“是”“否”，或者“我喜欢第几个”。

2. 好问题设计的总体原则

好问题设计的总体原则是：礼貌、友好、充满善意，容易理解，让对方愿意回答，并且有能力回答。如果谈判者觉得一个问题违背了上述原则，并且带有明显的歧视性、攻击性或侮辱性，可能会令回答者非常反感或排斥，就应该对问题进行加工处理。

比如“这次谈判你能做主吗”“你们能支付起这个价格吗”“你们还向哪几家供应商询过价”之类的问题，就是会令对方反感的，或者难以回答的问题，但如果能将“这次谈判你能做主吗”改成“我需要整理一下谈判纪要以便你向领导汇报吗”，将“你们能支付得起这个价格吗”改成“你大概想了解什么价位的产品”，将“你们还向哪几家供应商询过价”改成“除了我们，××公司、××公司都能提供同款产品，你向他们了解过价格吗”，就会让人感觉舒服。

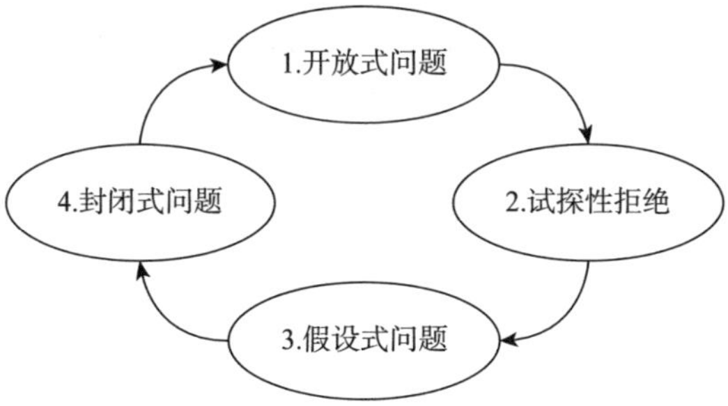

图 8－1　探寻摸底的四类问题

下面我们用一段对话来让大家了解如何按照“开放式问题－试探性拒绝－假设式问题－封闭式问题”的逻辑顺序来进行探寻摸底。

案例8-5：采购经理如何通过提问技巧摸清供应商的底牌

某知名轨道列车牵引系统部件制造商与某大客户采购经理就一个采购项目进行谈判。采购经理试图试探一下制造商的价格还有没有让步的余地，于是有了下面的对话。

采购经理："WTS2000这种型号的产品你们给我们什么价格?"（开放式问题）

销售经理："这个要看订单量大小。你的订货量是多少台?"（开放式问题）

采购经理："首批订单量30000台，合作得好后续还有。"

销售经理："WTS2000给你的价格是35000元/台。"

采购经理："我觉得你们的报价高得离谱，不瞒你说，另一个厂家给我的价格还不到你们价格的一半。"

销售经理："你说的那个厂家我大概能猜到，他们的价格确实是非常低。这么低的价格我们可能连成本都合不上，真的不知道他们怎么做出来的，反正我们做不出来。"（试探性拒绝）

采购经理："不管人家怎么做出来的，质量方面肯定是没问题。"

销售经理："看来你对他们也挺了解的。的确，以目前的技术水平，各个厂家的产品品质都不会有太大问题。这种产品本身价值虽然不高，但出现问题，整个系统就停机了，停一两个小时，给你带来的损失可能是几十万元甚至上百万元，甚至还有可能带来不良的社会影响。

"所以，如果你非常重视系统的可靠性，不希望出现系统停机的情况，就应该首选我们的产品，价格肯定比其他厂商贵一些。要是只看价格，其他厂商确实比我们有竞争力。"

采购经理："你们的产品就一定不会出现停机情况?我看也不一

定吧？”

销售经理：“我也不能确保我们的产品一定不会停机，但是能保证全球排名前三位的牵引系统制造商全都是配套我们的产品，便宜的产品他们不敢用。”

采购经理：“我们也正是看中了你们的业绩才和你们谈的，你们总要在价格方面拿出诚意，大家才能合作。给个实在价，在这个报价的基础上给我们打 8 折行不行？行的话我今天就可以下单。”（假设式问题）

销售经理：“我们的报价都是实在价，没有那么大的降价空间。”（试探性拒绝）

采购经理：“你的意思是，你现在给我们的折扣已经是最大的折扣了？”（封闭式问题）

销售经理：“是的，报价单上的价格已经是折后价格，没有更多的折扣了。我看你也是实实在在的，所以没有必要跟你打埋伏。”

采购经理：“年轻人，我建议你凡事看远一点，别那么急功近利。眼下这个单子看起来不大，可别忘了我们全年的采购量加起来也有十几万套。我如果把全年的采购量都放到你这边，你给我什么折扣呢？”（假设式问题）

销售经理：“这也是我们非常愿意与贵司合作的原因。我们可以从这个单子先合作起来，等后面有了量，我一定会帮你向公司申请更大的折扣。”

采购经理：“这个单子你得给我折扣，后续才可以合作啊！”

销售经理：“这次真的没办法给你更大的折扣了，希望你能多多理解！”

采购经理：“看来今天我们是谈不成了，你可以回去了。”

销售经理："请你相信我，我特别期望与你合作，已经给你最低价了，如果你觉得无法接受，我也无能为力。"（试探性拒绝）

采购经理："行，我们看看再说吧。"（试探性拒绝）

经过一番探寻摸底，采购经理发现销售经理的报价确实很难降低，不久就下单采购了。

第九章　如何设计双赢的谈判提案

第一节　猎鹿博弈：单独打兔还是合作猎鹿

法国著名思想家卢梭在他的名著《论人类不平等的起源和基础》中讲过一个有趣的故事：

古时候，某村庄有两位猎手，他们都擅长打兔子和猎鹿。打兔子的任务一个猎手就可以完成，不需要合作，而猎鹿则需要至少两位猎手配合才能完成。

如果他们选择单独狩猎，每人每天最多可以打4只兔子，够这位猎手吃4天。如果两个猎手选择合作狩猎，最少可以打到一只鹿，一只鹿被均分后，够两位猎手各自吃10天。在上述前提下，两位猎手各自有两个方案可供选择：

方案1：选择不合作，单独打兔子，每天每个人的收益都是4。

方案2：选择合作，合作猎鹿，每天每个人的收益都是10。

如果两位猎手是理性的，他们肯定会选择方案2，即合作猎鹿而不是单独打兔子，因为合作带来的收益明显大于单独行动带来收益。从博弈论的视角来分析，猎手之间的博弈有两个纳什均衡：一个是单独打兔子，另一个是合作猎鹿。相比单独打兔子，合作猎鹿对两个猎手都是更具优势的策略。

由此可见，如果合作获得的利益比单独行动获得的利益多，则博弈双方为了个人利益反而会选择合作策略。

在上述猎鹿博弈的案例中，两位猎手认可均分猎物的前提条件是两个人的实力旗鼓相当，对猎鹿做出的贡献基本相同，但实际情况可能要比案例中的情况复杂得多。

如果其中一位猎手能力较强，在猎鹿的过程中发挥的作用较大，他一定会要求分得更大比例的猎物。无论能力较强的猎人要求分配多大份额，只要最终分配给能力较弱的猎手多于够4天吃的猎物，两位猎手的合作就有可能持续。

如果能力较强的猎手认为：另一位猎手在猎鹿的过程中基本没有发挥作用，每次猎鹿只分给他少于够4天吃的猎物，使得能力较弱一方的境况比原来更差（因为原来他打兔子每天可以获得至少够吃4天的食物），两位猎手之间的合作就很难持续。

由此可见，合作的前提是双赢，即在没有使任何人境况变坏的前提下，至少使其中一方的境况变得更好，这种结果被意大利经济学家帕累托称为“帕累托改进”。一旦帕累托改进到了一定程度，再改善任何一方的境况就不得不损害其他人的利益，即自此以后非损人无法利己，这样的状态就是“帕累托最优”。

第二节　共同利益和分配方式

在猎鹿博弈的案例中，猎手在决定是否合作之前，要明确两个问题：

（1）双方的共同利益是什么？即合作猎鹿比单独打兔增加多少总收益？

（2）如果选择合作猎鹿，双方应该如何制定分配猎物的规则？

在统筹型谈判场景下，想与谈判对手达成双赢合作的谈判者同样需要在谈判之前把这两个问题想清楚，并依据这两个问题的答案来设计谈判提案。

案例 9－1：某可乐收购某茶品牌的谈判

美国耶鲁大学商学院教授、博弈论专家巴某既是一位学者，又是一位成功的企业家。他和自己的学生赛某于 1998 年创办了某茶品牌，主打瓶装茶饮料。到了 2006 年，某茶已有 23 名员工，年销售收入超过 1350 万美元，公司已经初具规模，并引起饮料行业巨头某可乐公司的关注。

某可乐公司提出收购某茶 40% 的股份，并承诺一旦双方合作，某可乐将利用自己强大的渠道和终端帮助某茶成为全球瓶装茶饮料行业的第一品牌。巴某和赛某认为与某可乐合作的确有助于公司未来快速发展，但鉴于公司目前仍然处于高速成长期，除非某可乐给出理想价格，否则不会同意这笔交易。

在此后的交易谈判中，某可乐公司给出的收购价格并不能让巴某和赛某满意，他们准备拒绝某可乐的收购。但某可乐的谈判代表凭借自身的强大实力对某茶的谈判团队实施了威胁策略，声称如双方无法就收购达成交易，某可乐公司将转而收购一家某茶的竞争对手，与某茶展开竞争。

此时巴某和赛某面临三个选择，从好到坏依次是：

选项1：独立运作某茶，且某可乐不收购竞争对手。

选项2：按照某可乐开出的价格将某茶卖给某可乐。

选项3：独立运作某茶，但某可乐收购了竞争对手。

而某可乐也面临三个选择，从最好到最坏依次是：

选项1：现在就买某茶，但需要出高价。

选项2：不买某茶，但收购其竞争对手的品牌。

选项3：不买某茶，也不收购其竞争对手。

虽然巴某和赛某不同意某可乐给出的收购价格，想拒绝这笔交易，但万一某可乐公司收购竞争对手的公司，最终结果也许是两败俱伤。在第一轮谈判陷入僵局之际，巴某和赛某又主动接触了某可乐公司的谈判代表并且告诉他：某茶有一个对双方都有利的、新的合作方案，希望双方能针对新的合作方案启动第二轮谈判。

在第二轮谈判开始的时候，巴某和赛某提出了一个可以同意某可乐收购某茶40%股份的交易条件：如果某可乐公司承诺可以按照双方已经合作的状态，借助自身强大的渠道销售某茶，就同意在三年之后将40%的股份卖给某可乐公司。

某可乐公司的谈判代表就问：“三年之后的交易价格如何计算呢？”

巴某和赛某早就准备好了答案：

“假设1，没有某可乐公司收购这件事，某茶以自身的能力再发展三年，销售额会达到某个水平A。”

“假设2，某可乐现在就完成收购，某茶与某可乐合作，销售额会达到某个更高的水平B。这个框架你们同意吧?”

某可乐的谈判代表说：“这个框架我们同意。”

巴某继续说：“如果你们认同这个框架，那我就接着往下说。三年之后，收购的价格可以这么确定：销售额A以内的部分，按市场水平定价；销售额高于A以上的部分，按市场水平的一半定价。”

某可乐的谈判代表问：“为什么要区间定价呢?”

巴某说：“因为这种区间定价的模式对我们双方都公平。你看，销售额A是某茶在没有被某可乐收购的情况下自己做到的，所以利润某茶可以全拿。超出销售额A的部分，是某茶与某可乐合作之后依靠双方合力拿到的，所以利润某茶拿一半，某可乐拿一半。谁做的蛋糕谁吃，如果大家一起做大了蛋糕，那做大的部分大家就平分。这样的交易定价方式是不是很简单很合理?”

这次谈判，双方仅沟通了一个小时，就把合作方案的总体框架确定下来了。接下来要解决的问题是如何核算A和B，以及如何计算收购价格。虽然这些细节问题可能会花费双方更长的时间，但无碍交易大局。

通过设计公平合理的合作方案，巴某和赛某把某可乐的收购延期到三年之后。在双方确认协议之后的三年中，某茶与某可乐公司就像收购已完成一样合作，迅速做大了某茶的市场规模，充分释放了某茶的价值。三年之后的2008年，双方按当初约定的模式完成了交易，某可乐公司收购了某茶40%的股份。借助某可乐全球的销售网络和产品研发优势，某茶成功进入美国十万家超市，并在2015年实现了1.78亿美元的销售收入。某可乐和某茶都成为这个生意的赢家。

某可乐收购某茶品牌的谈判之所以取得了双赢的成果，是因为巴某和赛某提出的新方案解决了“共同利益”和“分配方式”两个双方合作方面的关键矛盾。在共同利益方面，双方合作可以实现了帕累托改进——3 年之后某茶的销售收入比某茶单独运作高。在分配方式方面，双方合作之后产生的共同利益按照各 50% 的比例进行分配，符合平等、互利、公平的原则。

由此可见，如果谈判者在谈判开始前就能设计出能够同时解决“共同利益”和“分配方式”两个问题的谈判提案，双方在谈判中达成合作的可能性将大大提高。

第三节　理想方案和备选方案

看完上述案例之后，有些读者可能会提出异议：巴某和赛某拿给某可乐的这个合作方案是一个对谈判双方都非常公平的方案，这个公平的方案其实是建立在某茶与某可乐谈判筹码对等的基础上。

如果某可乐的谈判代表认为某可乐公司的谈判筹码远超某茶，拒绝按照 50% 的比例均分收益，谈判的结果又会怎样呢？

的确，巴某和赛某拿给某可乐公司的这个合作方案表面上看是一个公平的合作方案，但对某可乐公司来说可能不是最好的方案。因为某可乐公司是饮料行业的巨无霸，而某茶只是成立不足 10 年的小公司。如果按照各 50% 的比例分配双方合作之后的增值部分的利润，对某可乐公司来说肯定是有失公平的。即便是某可乐公司的谈判代表基本认可这个合作方案，也完全可以拿着这个方案接触某茶的竞争对手，看看这些竞争对手会提出什么样的利润分配方案，从而找到对自己更有利的利润分配方案。

如果某可乐的谈判代表意识到合作方案中存在的这些问题，依仗自身强大的谈判筹码拒绝巴某和赛某的建议，巴某和赛某又应该如何应对呢？

在绝大多数情况下，谈判者在谈判开始时提出的合作提案往往是对自己最有利的方案，我们称为“理想方案”。所以，巴某和赛某在第二轮谈判开始时提出的“按照各50%的比例分配双方合作之后的增值部分的利润”提案其实也是他们的“理想方案”，如果某可乐的谈判代表不同意这个方案，他们可以在这个方案的基础上提出比“理想方案”稍差的备选方案。比如：

备选方案1：同意在两年之后就将40%的股份卖给某可乐公司，因某茶与某可乐合作而超出销售额A的部分，某可乐拿40%，某茶拿60%。

备选方案2：同意在三年之后将50%的股份卖给某可乐公司，因某茶与某可乐合作而超出销售额A的部分，某可乐拿50%，某茶拿50%。

……

基于双方合作的大前提，巴某和赛某还可以围绕几年之后交易、交易多大比例的股权、超出销售额A的部分某可乐拿几成等核心问题继续设计其他备选方案，直至某可乐的谈判代表认为可以接受为止。

符合帕累托最优原则的谈判方案只有一个，但次优的谈判方案却有很多。高明的谈判者总是先把对自己最有利的理想方案作为谈判开场的提案，然后把对自己不利的次优提案作为第一备选方案、第二备选方案甚至第N备选方案渐次抛出。

在谈判时设计出一个理想方案和多个备选方案，既可以避免谈判因双方立场的冲突而陷入僵局，又可以使谈判者在谈判中进退有据，从容掌控谈判局势。

比如某大企业的采购经理在年度价格谈判时要求供应商的销售经理降价5%，并威胁如果供应商不同意降价就不能续约，那么“降价5%”这个提案其实是采购经理的理想方案。

作为供应商的销售经理，可以在谈判开始时礼貌拒绝采购经理的要求，并提出自己的理想方案：无法降价，但可以提供免费的技术支持，承诺产品良率再提高3%。

如果采购经理不接受这个理想方案，供应商的销售经理还可以依次提出如下两个备选方案：

备选方案1：同意降价1%，提供免费的技术支持，承诺产品良率再提高2%，但要求市场份额提高10%。

备选方案2：同意降价2%，提供免费的技术支持，承诺产品良率再提高1%，但要求市场份额提高10%。

作为大企业的采购经理，在销售经理拒绝接受自己的理想方案之后，也可以依据双方的共同利益，设计出更多的备选方案。比如：

备选方案1：供应商只要愿意降价5%，双方可以继续合作，该供应商的份额可以在去年的基础上提升10%。

备选方案2：供应商只要愿意降价4%，双方可以继续合作，该供应商的份额可以在去年的基础上提升6%。

备选方案3：供应商只要愿意降价4%，双方可以继续合作，该供应商的份额可以在去年的基础上提升6%，付款方式从原来的2个月账期变成1个月账期。

谈判双方各自拿出了能满足双方共同利益的谈判方案之后，接下来就是针对双方各自的诉求进行讨论，并逐渐缩小差距，达成共识。

案例9－2：承包商因工期延误被业主方取消合同，如何谈判

几年前，中国某国际技术工程承包商A公司与非洲的B公司签订了4条工业生产线总承包合同，合同总金额1.6亿美元。

在总承包合同中，双方约定了如下重要事项：

（1）B公司应在合同签约之后向A公司支付比例为合同总金额20%的预付款，预付款保函及履约保函总额为合同总金额的20%，预付款保函及履约保函均为见索即付保函。

（2）其余80%比例的款项采用信用证（Letter of Credit，L/C）支付。

（3）总承包合同价款以美元计价，但锁定了美元兑人民币的汇率。

合同签订之后，承包商A公司如约向业主提供了比例为合同总金额20%的预付款保函及履约保函，B公司也向A公司支付了相当于合同总金额20%的预付款3200万美元。此后，承包商A公司按双方约定的工程进度开展了方案设计、人员及设备进场、临时设施建设等前期准备工作。但由于遇到一些突发状况（主要是因暴雨和洪水冲毁道路，导致部分大型设备无法按时到场），承包商A公司的施工进度比约定进度有所延迟。

就在承包商A公司积极协调资源追赶进度之际，突然收到了B公司的书面通知，该通知称由于A公司未能满足业主方对施工进度的要求，B公司对A公司的履约能力表示怀疑，所以B公司决定终止该合同，没收A公司的保函。

承包商A公司立即回函：该项目目前处于前期准备阶段，确实因突发状况影响了施工进度，但A公司有能力通过在后期加大投入来追赶工期，工程前期的延误并未给B公司造成实际性损失，不存在违约情况。

与此同时，承包商A公司也通过内线情报了解到B公司在项目刚开始时就提出解约的真实原因：当年爆发的全球性金融危机导致该项目融资未能按时到位，同时美元兑人民币的汇率持续大幅贬值，B公司的决策层认为项目继续实施将给公司带来巨大风险，所以才想到以“A公司未能满足业主方对施工进度要求”为由解除合同并没收保函。

承包商A公司立即派出律师与B公司的相关负责人进行交涉。A公司的律师提出：在该项目的融资安排中，保函实际已成为业主B公司提供给项目融资银行的融资担保，即使B公司没收A公司的保函，所获款项仍归于融资银行控制，B公司无法从没收A公司保函这件事情上获得任何好处。

A公司的律师提出的观点引起了B公司高层决策者的重视，他们发现终止项目自己也要面临巨大损失，这才回到谈判桌上，开始与A公司展开谈判。

A公司的谈判代表考虑到继续按原合同履约对A、B两家公司都不利。从双方的共同利益——“最大化双方利益，最小化双方损失”和利益分配原则——“风险共担、利益共享”的原则出发，设计了如下三个解决方案：

（1）理想方案：合同继续履约，A公司可以为B公司提供项目融资支持，融资支持如何操作需要在双方的融资合同中另行约定。

（2）备选方案1：对原合同的范围进行变更，根据B公司的实际情况暂停原总承包合同中的部分项目，B公司需要向A公司全额赔偿因部分项目暂停导致的损失，包括前期设计、人员进场、临时建筑施工所付出的成本，以及因项目取消而导致的支付给设备供应商的设备预付款损失，A公司需要退回取消部分合同对应的预付款。

（3）备选方案2：对原合同的合同范围进行变更，根据B公司的实际情况暂停原总承包合同中的部分项目，继续施工的项目A公司愿意适当降价，但生产线的核心设备的产地需要由某欧洲国家变更为中国。此外，B公司还需要向A公司全额赔偿因部分项目暂停导致的损失，包括前期设计、人员进场、临时建筑施工付出的成本，以及因项目取消而导致的支付给设备供应商的设备预付款损失，A公司需要退回取消部分合同对应的预付款。

在第一轮谈判中，A公司的谈判代表首先抛出了自己的理想方案，给出了由A公司提供融资支持所对应的融资条件，但B公司的高层决策者认为A公司给出的融资条件过于苛刻，无法接受，谈判一度陷入僵局。

两周以后，A公司的谈判代表再次接触B公司的高层决策者，提出备选方案1，让B公司的高层决策者考虑。B公司的高层决策者认为此方案非常有诚意，同意仅取消小部分项目，愿意拿出合作诚意与A公司就备选方案1进行谈判。

但双方在项目暂停导致的损失到底如何确定、A公司需要退回的预付款金额应该如何核算等细节问题上还存在较大分歧。

A公司的谈判代表针对上述问题设计了对己方最有利的理想方案作为谈判开局的提案：

理想方案：

（1）取消部分项目涉及的前期设计、人员进场、临时建筑施工等费用，按A公司提供的发票、合同、单证等证明材料的实际金额结算。

（2）取消部分项目涉及的预付款退还金额，以A公司与设备和材料供应商之间谈判的最终结果和合同变更协议为准。

（3）针对取消部分项目涉及的预付款退还金额，由A公司按退还当日的汇率转换为美元支付给B公司。

B公司的谈判代表对A公司的提案提出三点异议：

（1）针对取消部分项目涉及的前期设计、人员进场、临时建筑施工等费用，A公司如何证明他们提供的发票、合同、单证等证明材料是真实的。

（2）针对取消部分项目涉及的预付款退还流程，B公司认为A公司应先将该部分的预付款和信用证全额退回，然后由B公司派人与相关的设备和材料供应商谈判，最终根据实际谈判结果确认赔偿责任。

（3）针对取消部分项目涉及的预付款退还金额，一旦由A公司按退还当日的汇率转换为美元，则会产生较大汇率损失，此部分损失应由A公司承担。

此后，A公司的谈判代表又提出了一个备选方案：

（1）为解决取消部分项目涉及的前期设计、人员进场、临时建筑施工等费用的核算和确认问题，A、B两家公司可以各自抽调一些人组成联合工作小组。

（2）针对取消部分项目涉及的预付款退还流程问题，B公司先向A公司提供支付保函，支付保函的金额为A公司预计承担损失的上限。A公司收到保函之后，A公司先全额退还取消部分项目涉及的预付款和信用证，并允许B公司派人参与A公司与其设备和材料供应商的谈判，这样可以防止B公司怀疑A公司与供应商串通后故意扩大索赔额。

(3) 针对取消部分项目涉及的预付款退还金额，仍由A公司按退还当日的汇率转换为美元支付给B公司。

A、B两家公司又经过几次沟通，B公司最终接受了A公司上述建议，双方都将因取消部分项目带来的损失降到最低。

第四节　评估谈判方案：最佳可替代方案

在某可乐并购某茶的谈判案例中，巴某和赛某在第二轮谈判中提出的交易框架不一定是对某可乐公司最有利的。

从某可乐谈判代表的角度，他完全可以花点时间对巴某和赛某提出的交易框架进行评估，通过评估来确认这个方案是否是在所有可能的合作方案中最优的，而评估方案是否最优的参照系是什么？应该是某茶的竞争对手给出的合作方案，即最佳可替代方案（Best Alternative to a Negotiated Agreement，BATNA）。

最佳可替代方案是由三位哈佛大学的学者罗杰·菲舍尔、威廉·尤里和布鲁斯·巴顿在《谈判力》一书中提出的。最佳可替代方案指的是在谈判者对目前的谈判对手给出的方案都不满意的情况下，他所能找到的、同样能够帮助其实现利益目标的其他解决方案。

最佳可替代方案的来源主要有两个方面：

(1) 其他谈判对象给出的合作方案。

(2) 同样能帮助谈判者实现利益的其他途径。

比如某求职者通过在招聘网站发布简历，获得了A、B、C三家公司的面试机会。A公司是一家跨国500强企业，也是求职者最中意的公司，A公司给他开出的年薪是30万元，而B、C两家公司规模稍小，B

公司给他开出的年薪是40万元，C公司给出的年薪是45万元。此时，求职者与最心仪的A公司谈薪酬待遇时，B、C公司给出的薪酬方案就是他的最佳可替代方案。

一位人力资源总监曾经告诉笔者一件令他非常气愤的事情：他们公司开展了一项新业务，想招聘一位资深的高管来负责这项新业务。经过几轮面试，一位候选人从诸多应聘者中脱颖而出。这位候选人是该业务领域的专家和权威，也是在所有应聘者中唯一在各方面都符合他们对这个职位要求的人。

在和这位候选人谈到薪酬待遇时，应聘者竟然提出了100万元年薪的要求，这个条件远超过他们期望给出的70万元年薪。当人力资源总监告诉这位候选人适当降低条件就可以录用他时，这位候选人竟然跷起二郎腿，非常不屑地说："我现在手里还有其他两家公司的offer（注：录用信），他们给出的年薪都比你们给的高。"

最终他们不得不以年薪百万的代价录用了这个最适合这个岗位的人。

最佳替代方案是谈判者衡量现有谈判方案好坏的标准和参照系，它既能帮助谈判者对诸多谈判对象所提供的方案进行全方位的对比评估，并在其中选择中对自己最有利的方案，又能使谈判者从容应对复杂的局面，轻松化解谈判僵局。

案例9－3：面对垄断经营的铁路运营商，如何迫使其降价

美国能源A公司每年需要将大量的煤炭从产地运输至其大型发电厂，从成本上考虑，铁路运输是最经济的方式。但从煤炭产地到发电厂之间的铁路线均被一家铁路公司B公司垄断经营，定价的主导权完全掌握在B公司手中，所以每年的运输价格谈判对A公司的谈判代表来

说都像一场噩梦。

因不堪B公司在价格方面的压榨，A公司的决策层提出要自行修建一段15公里的铁路，与B公司的主要竞争对手C公司的铁路网相连接，使“C公司给出的合作方案”成为他们与B公司谈判时的BATNA（最佳可替代方案）。

此后A公司的谈判代表故意将这个消息透露给B公司的高层决策者，期望B公司的高层决策者能够本着合作共赢的原则重新考虑定价问题。但B公司的高层决策者认为A公司自行修建15公里的铁路需要数千万美元的投资，这笔投资对A公司来说并不合算，所以并未在意A公司的这个决定。

经过半年的筹备，A公司启动了这项自建铁路计划。一年之后，A公司自建的15公里铁路终于连到C公司的铁路网，使C公司也成为其铁路运输供应商，打破了B公司垄断煤炭运输线路的局面。

后期A公司在与B、C两家公司进行价格谈判时掌握了主动权，使其运输成本整体降低了20%。扣除修建铁路的固定成本摊销，A公司每年可通过自建铁路这项投资计划节约上千万美元的运输成本。

当A公司没有自建铁路的计划时，他们只有B公司一个谈判对象，没有任何最佳可替代方案，所以只能被动接受B公司昂贵的报价。在投资自建铁路之后，A公司不但拥有了两个谈判对象，还创造出一个最佳可替代方案——“C公司给出的合作方案”，此后既可以对A、B两家公司给出的合作方案和报价进行对比评估，又一举获得了运费谈判的主动权。

一旦A公司找到最佳可替代方案，B公司在谈判中的优势地位将瞬间丧失，此时他们又应该如何应对这种变化呢？

当谈判对手找到最佳可替代方案之后，谈判者可以采取以下措施降低对方的最佳可替代方案对谈判局势产生的影响：

（1）拿出更有诚意的方案，使谈判对手感觉没有必要实施最佳可替代方案。

（2）削弱、打击谈判对手的最佳可替代方案，使其不具备经济性或可行性。

（3）创造并不断优化己方的最佳可替代方案，摆脱对谈判对手的依赖。

针对上述案例，B公司可以采取以下几项对策应对A公司的自建铁路计划：

（1）B公司可以给A公司报出更合理的运费价格，使A公司自建铁路变成一件无利可图的事情。

（2）B公司可以采取各种手段阻止A公司顺利实施自建铁路计划。

（3）B公司还可以寻找除A公司以外的新客户、新业务，减少其对A公司业务的依赖。

第十章　如何通过让步策略达成共识

第一节　先权衡利弊，再决定取舍

案例10－1：为什么宁愿损失价值300万美元的订单，也不愿意在这个条件上妥协

1955年，公司在日本开发出一种新产品——价格为29.95美元的小型晶体管收音机。这种小型收音机与美国人平时喜欢的大收音机完全不同，因此引起了在美国电子产品市场最负盛名的B公司的注意。他们向S公司的创始人提出了10万台小型晶体管收音机的订单，这个订单的价值是S公司流动资产的数倍，令S公司创始人十分震惊，并决定拿下这个订单。

在双方开始谈判的时候，B公司的谈判代表就向S公司提出一个比较苛刻的条件：S公司在交易中只能以代工厂的身份出现，产品最终要印上B公司的商标。这个条件与S公司创始人为公司制订的长远发展计划——“将S公司发展为以创新型高质量产品而闻名的全球品牌”是矛盾的。

S公司原本的谈判目标是用贴着本公司商标的小型晶体管收音机拿下这个10万台的订单。但B公司的条件却是给予10万台收音机的订单，但必须在产品上贴B公司的牌子。

面对实力强大的谈判对手和极具诱惑力的条件，如果你是S公司创始人，会不会答应B公司的这个条件呢？

10万台收音机的订单对S公司创始人来说实在是太有诱惑力了，为此他认真思考了一周时间，然后再次与B公司的谈判代表展开谈判。他明确告诉B公司的谈判代表："我非常想接下这个订单，甚至可以在价格方面适当让步，但是无法接受贴你们商标的条件。"B公司的谈判代表非常吃惊，他劝S公司创始人："我们公司的品牌有50多年的历史，在美国可谓家喻户晓，你为什么不利用我们的品牌优势迅速占领美国市场呢？"

S公司创始人说："我听说50年前贵公司也像我们一样默默无闻。我敢保证，从现在开始，我们也能用50年时间做到与贵公司一样闻名。"

S公司创始人果断拒绝了B公司价值近300万美元的订单，坚持以自有品牌销售新型收音机，最终凭借优异的产品设计和可靠的品质成功地打开了美国市场。

谈判是一门有关于利益取舍的艺术。

在谈判桌上，谈判者往往会面临与S公司创始人相同的境遇，在获得利益的同时也会有所付出。为什么S公司创始人会拒绝B公司贴牌的要求呢？因为在他的价值观念中，"以自有品牌打开美国市场"要比"拿到10万台贴牌订单"重要，他不会为"拿到10万台贴牌订单"这个利益而放弃"以自有品牌打开美国市场"这个利益。

这就是一个理智的商业谈判者在设定谈判目标前应有的态度：先权衡利弊，再决定取舍。

先权衡利弊，再决定取舍，首先要对什么是利什么是弊做出判断。

什么是利？利就是对一个人或一个组织有好处的事情。什么是弊？弊就是对一个人或一个组织有害处的事情。对一个人或一个组织来说，一件事情到底属于利还是弊，主要取决于这个人或者这个组织自身的价值理念。

即使是同一件事情，它到底属于利还是弊，对不同的人，或者对处于不同时期的同一个人，都可能有完全不同的理解。

奥地利著名经济学家米塞斯认为："人所做的一切，是支配其头脑的理论、学术、信条和心态之结果。"

英国著名经济学家大卫·休谟（David Hume）也说过："尽管人类的行为是受利益支配的，但利益本身及人类的所有事务，都是由观念支配的。"

比如有的人认为短期的利益是好处；有的人却认为长期的利益是好处。有的人认为家庭成员的亲情关系比金钱重要，多少钱也买不来亲情；有的人却认为金钱最重要，为了金钱可以毫不犹豫地抛弃亲情。

一家公司的老板在公司初创时期可能觉得金钱比公司或个人声誉重要，但当他把公司做大以后，却觉得公司声誉和个人声誉比金钱重要。

同一行业的 A 公司和 B 公司做着相同的产品，有着类似的规模，A 公司老板可能认为产品品质最重要，宁可牺牲公司的短期利润也要投入资源提升产品品质；而 B 公司老板认为尽快赚钱最重要，为了赚取更多的利润可以牺牲产品品质。

如果从个人观念的角度看待上述情况，任何一种利弊观都有其合理性，很难评判哪种利弊观是对的，哪种利弊观是错的。如果以总体利益和长期利益最大化作为目标，我们还是可以分辨出正确的利弊观和错误的利弊观的。

一个以总体利益和长期利益最大化作为目标的谈判者，应该在谈判中秉承以下利弊观：

（1）如果追求长期利益更有利于总体利益最大化，那就追求长期利益；如果追求短期利益更有利于总体利益最大化，那就追求短期利益。

（2）如果追求局部利益更有利于总体利益最大化，那就追求局部利益；如果追求全局利益更有利于总体利益最大化，那就追求全局利益。

（3）如果追求物质利益更有利于总体利益最大化，那就追求物质利益；如果追求非物质利益更有利于总体利益最大化，那就追求非物质利益。

（4）如果采用谈判这种手段可以使自己获得比采用其他手段更多的总体利益，就谈下去；如果采用谈判这种手段无法使自己获得比采用其他手段更多的总体利益，就停止谈判。

在一百多年前，美国一个小镇上有一个傻呆呆的小男孩，经常到镇上的酒馆玩。有时候酒馆里的客人兜里的硬币会不小心掉落到地上，这个小男孩也和其他孩子一样抢着捡。但后来客人们发现：其他的孩子是什么面值的硬币都捡，唯独这个小男孩只捡面值为1美分的硬币，而对其他面值更高的硬币视而不见。客人们发现这个傻男孩的愚蠢行为之后，就故意在他面前扔不同面值的硬币，拿他取乐，甚至拿他打赌，傻男孩每次只捡1美分的硬币。

小男孩长大后到大城市读大学，假期又回到镇上。一位镇上的老奶奶看到他后非常纳闷地问：“孩子，我看你也不傻，当年在酒馆里为什么只捡1美分的硬币，而不捡其他面值的硬币呢?”

这个男孩笑了，说：“奶奶，如果我每次都捡大额硬币，人们就不会对我有好奇心了，也就没人再往我面前扔硬币啦。如果我每次只捡1美分面值的硬币，每天会有很多人向我扔钱，我就能源源不断地捡钱啦。”

对于故事里的男孩来说，他的利益诉求是让人们不断地给他1美分，而不是像其他孩子一样得到一两次大面值的硬币。其他孩子看重的是单次收益，而他看中的是长期收益。

名著《红楼梦》里有一个章节，王熙凤陪贾母打牌，打到最后王熙凤输了钱，贾母赢了钱。在这场博弈中，王熙凤真的是输家吗？不一定。

如果把赢钱看成利益，她确实是输了。如果王熙凤陪贾母打牌的目的不是赢钱，而是哄贾母高兴，那么王熙凤就是妥妥的赢家。

第二节 哪些议题可以让步，哪些不能

在涉及多个谈判议题的统筹型谈判场景下，谈判者除了需要权衡每个谈判议题的利与弊，制定出谈判的总体原则和让步的底线之外，还要对所有的涉及双方核心利益的议题进行归类，然后根据自身的价值观念将谈判涉及的议题分成“must（必须要的）”“want（想要的）”和

“give（可以给的）” 三类。

“must” 类的议题，就是没得谈的议题。针对这类议题，谈判者要作为自己的底线坚守，寸土不让。

“want” 类的议题，就是谈判者可以通过谈判来努力争取更好条件的议题，也是谈判双方可以为之展开反复拉锯的议题。

“give” 类的议题，就是谈判者认为不重要，但却可以拿来交换自己的 “must” 和 “want” 的议题。对这类议题，谈判者要在谈判桌上慢慢放出去，来交换自己的 “must” 和 “want”。

图 10－1　谈判议题的三种分类

案例 10－2：采购经理与销售经理的 must、want 和 give 分析

一家大公司的采购经理和一个材料供应商的销售经理就一个产品采购合同展开谈判，大公司因为品牌知名度高、信誉好、订单多，所以采购经理的谈判筹码也多。如果公司要求他在材料品质满足设计要求和企业标准的前提下，要尽量得到尽可能优惠的价格、更短的交期、稳定的供货、售后服务支持，那么他的 must、want 和 give 分别是：

must：品质保证。

want：价格合理、供货稳定、更短的交期、售后服务支持等。

give：可以给供应商较好的付款条件和长期稳定的订单，以及大公司的供货业绩等。

而对于材料供应商的销售经理来说，品质保证、供货稳定、售后服务支持、短交期是他可以给采购经理的条件；较好的价格、付款条件是他要努力争取的，而长期合作不能亏本是他必须得到的。材料供应商的 must、want 和 give 分别是：

must：长期合作不能亏本。

want：长期的订单、较好的价格、付款条件等。

give：品质保障、供货稳定、更短的交期、售后服务支持等。

案例 10－3：高新技术企业老板与科技园区招商经理的 must、want 和 give 分析

一家高新技术企业的老板和一个科技园区的招商经理就园区入驻政策谈判，老板的 must、want 和 give 分别是：

must：获得税收减免政策、获得 2000 平方米的办公场地。

want：融资支持、商业配套、交通便利、位置优越、高端物业、人才引进。

give：至少续租三年、谈妥立即签约付款、引荐其他老板入驻等。

园区招商经理的 must、want 和 give 分别是：

must：长期合作不能亏本。

want：租期长、租用面积大、符合园区招商方向、可以带来更多客户等。

give：基础设施、税收减免、融资支持、商业配套、交通便利、位置优越、高端物业、人才引进等。

第三节 理想目标、力争目标和底线目标

谈判目标（Negotiation Objectives）就是谈判者在谈判开始前预期要实现的利益目标。谈判目标就像汪洋大海中的“灯塔”，为谈判者照亮了谈判努力的方向。

谈判目标是建立在谈判者的利益需求基础上的。它既是谈判者与他们展开谈判的真实动机，也是谈判者追求的行为结果。谈判者将所有谈判议题分成“must”“want”和“give”三类之后，还要确定针对每个谈判议题分别设定谈判的理想目标、力争目标和底线目标，谈判的理想目标、力争目标和底线目标共同构成了己方的谈判空间。

为什么谈判者需要多重谈判目标？原因非常简单，单一的谈判目标缺乏足够的灵活性，很容易使谈判陷入僵局。

谈判的理想目标就是对谈判者来说能获得最满意利益的谈判目标，它几乎可以满足谈判者所有的“must”和“want”，但付出最少的“give”。理想目标常常被谈判者作为开局的条件来使用。由于过于理想，理想目标一般难以实现，但理想目标可以激发谈判者的斗志，为谈判“锚定”一个对己方最有利的开局。如果一场谈判能够实现理想目标，我们就可以说这场谈判获得了“完胜”。

谈判的力争目标就是谈判者可以通过谈判努力争取的目标，它可以满足谈判者的“must”，但不一定能满足所有的“want”，可能需要付出较多的“give”来得到“must”和“want”。

如果一场谈判能够实现力争目标，我们就可以说是“赢”得了这场谈判。是否实现了力争目标是衡量一场谈判是否“赢”的标准。

谈判的底线目标就是谈判者可以让步的极限值，它只能满足谈判者的最基本的“must”，无法实现“want”，并且付出了几乎所有的“give”。如果一场谈判仅仅实现了底线目标，我们只能说这场谈判“没有赢”。

案例 10 –4：某供应商销售经理如何在谈判前设定三重谈判目标

某供应商销售经理在与某大客户的采购经理谈判之前，通过内线情报了解到这个客户付款能力有些问题，于是把“价格不低于公司最低限价，全款交货”作为“must”条件，设定了三重谈判目标，如表 10 – 1 所示。

表 10 –1　某销售经理的谈判目标设定

谈判目标 谈判条款	理想目标	力争目标	底线目标
价格	20000 元/吨	19500 元/吨	19300 元/吨
交货地点	买方仓库交货	买方仓库交货	离岸港船上交货
付款方式	全款	全款	全款
交期	7 天	10 天	14 天
运输及保险费用	卖方承担	卖方承担	买方承担

案例 10 –5：二手车买卖谈判

一天，甲准备到二手车交易市场把自己的一辆二手车卖掉。他把车开进二手车交易市场并停好车之后，在二手车交易市场转了一圈，想打听一下当天的二手车价格行情。

他发现与他的车况差不多的车大概可以卖到 66000 元，于是他为自己的车标上了 71000 元的价格。他对于谈判的预期目标是：开价 71000

元，力争卖到68000元，但绝不能低于66000元。我们用图10－2表示甲为自己设定的谈判空间。

图10－2　卖方某甲的谈判空间

从图上可以清晰地看到某甲在价格方面的谈判空间在66000～71000元，他在谈判中可以在这个区间与谈判对手展开谈判。

乙是二手车买主，他来到二手车交易市场之后先转了一圈，最终锁定了中意的3辆车，分别是一辆大众、一辆丰田和一辆福特，这三辆车的车况相差无几，买任何一辆都行。通过一番询价之后，他了解到3辆车的报价分别为：甲的二手大众报价71000元，另一位车主的丰田报价69000元，还有一位车主的福特报价72500元。

他对于谈判的预期目标是：开价64000元，力争谈到67000元，但绝不能高于68000元。我们用图10－2表示乙为自己设定的谈判空间。

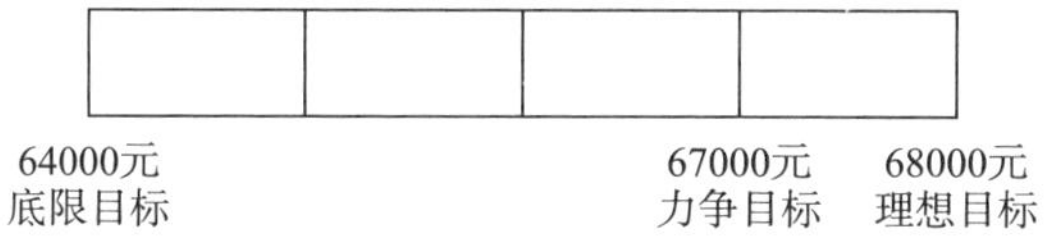

图10－3　买方某乙的谈判空间

如果将甲和乙的谈判空间放在一起来看，就得到图10－4。

在这张图上，我们可以看到甲和乙两人的谈判空间从底线目标到理想目标分别为66000元－68000元－71000元和68000元－67000元－64000元，而双方在谈判中实际可以谈的价格区间在66000～68000元，即双方最终在价格方面达成协议必定落在这个区间，这个区间也被称为ZOPA（Zone Of Possible Agreement，可能协议空间）。

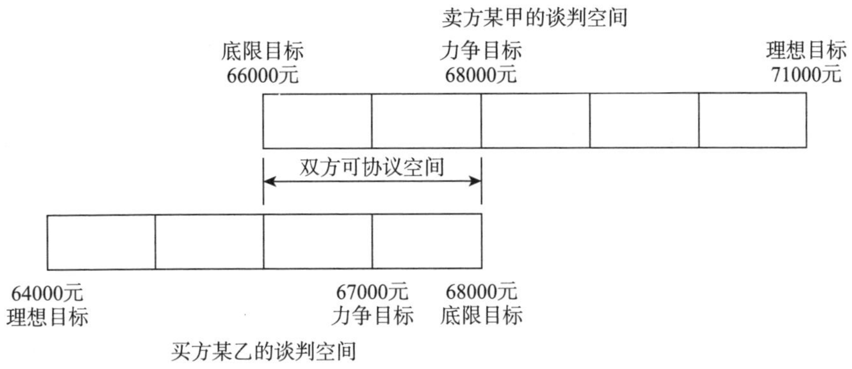

图 10－4 甲乙双方的可协议空间

第四节 影响可能协议空间的两个关键因素

1. 潜在交易对象

如果谈判者像甲和乙一样，在谈判之前事先设定好了谈判空间，就可以勾勒出可能协议空间（ZOPA），进而对谈判双方能够给出的最大让步幅度进行精准定位。

那么如何确定己方的谈判空间并猜到对方的谈判空间?

我们来研究一下这个案例中，甲和乙依靠什么方法来解决上述问题。

卖家甲界定己方谈判空间的方法是：先进行一番市场调研，与自己的车车况大致相同的车挂牌价格是多少，然后以这个价格（66000 元）作为底线目标，再以底线目标为基础向上加价，依次形成力争目标和理想目标。

买家乙界定己方谈判空间的方法是：先进行一番市场调研，看看档次差不多的车的报价是多少，选定三个车主报价中最低的那个价格

（69000元），并略微降一些作为底线目标，再以底线目标为基础向下降价，依次形成力争目标和理想目标。

卖家甲界定谈判空间的方法遵循的是“锚定效应”法则，即以其他车况类似的车的报价作为界定谈判空间的锚定价格。而买家乙界定己方谈判空间的方法是先选择三个潜在的交易对象，再运用“锚定效应”法则构建出己方的谈判空间。

买家乙选择的三个潜在的交易对象报出来的价格，给了买家乙报出低价的信心和底牌——他可以毫不犹豫地选择三人中报价最低的作为首选谈判对象，并在与其他谈判对象谈判的时候判断出其报价的合理性。

由此可见，潜在交易对象越多，潜在交易对象的报价越低，谈判者对谈判目标的界定就越精准，谈判者的信心和底牌就越足。

除了眼前的谈判对手，每个潜在交易对象都可以成为谈判者的一个BATNA（最佳替代方案），即在与眼前的谈判对手无法达成协议的情况下，谈判者可以找到的、最有利的替代者（或替代方案）。

在谈判者开始着手设定理想目标、力争目标和底线目标之前，最好把己方所有的BATNA（最佳替代方案）都列出来，然后以最理想的那个替代方案作为设定目标的锚定点。如果谈判者想了解谈判对手的理想目标、力争目标和底线目标，则需要在信息情报搜集环节了解谈判对手可以找到的、最有利的替代者（或替代方案），然后以其最理想的那个替代方案作为设定目标的锚定点，预测其谈判空间。

在买卖二手车的案例中，如果卖家甲能够事先了解买家乙最中意的三辆二手车及其报价，就能大致推算出买家乙的谈判空间，进而推算出双方的可能协议空间。

2. 最佳替代方案

如果谈判者想在谈判中处于优势地位，就需要在发展 BATNA（最佳替代方案）方面下功夫。BATNA（最佳替代方案）越多，BATNA（最佳替代方案）越好，谈判者的谈判优势就越明显。

在发展 BATNA（最佳替代方案）方面，谈判者需要做到以下五点：

（1）不断发展新的 BATNA。

（2）对现有的 BATNA 进行优化和升级。

（3）打压谈判对手的 BATNA。

（4）向对手暗示自己不止一个 BATNA。

（5）在没有 BATNA 时虚构 BATNA。

案例 10－6：国内某有色金属冶炼 A 公司是如何通过 BATNA 确定谈判目标的

国内某有色金属冶炼集团是一家大型企业，在全球有色冶金冶炼行业排名前 20 位。该集团下属的 A 公司因生产需要，与一家德国厂商 B 公司洽谈购买一套有色金属冶炼设备，当时 B 公司给 A 公司的报价为 380 万美元/套。

A 公司谈判代表在赴德国谈判之前，先后考察了同行业的一家日本厂商 D 厂商和一家美国厂商 C 厂商，日本 D 厂商的报价约 280 万美元/套，美国 C 厂商的报价约 360 万美元/套。但从产品质量和技术先进性方面看，德国厂商的口碑最好，而美国厂商排第二。

为此，A 公司将德国厂商 B 公司列为首选谈判对象，将与美国 C 厂商合作和与日本 D 厂商合作列为 BATNA（最佳可替代方案），由此设定了与 B 公司谈判的理想目标、力争目标和底线目标分别为：

理想目标：300 万美元/套。

力争目标：320 万美元/套。

底线目标：345 万美元/套。

在谈判开始时，B 公司的谈判代表一再强调该套设备采用最领先的技术和工艺制造，品质非常可靠，坚持 380 万美元/套的价格不肯让步。A 公司的谈判代表说："虽然我司对贵公司的产品和技术非常认可，但价格也是决定我们能否合作的关键因素。目前日本的 D 厂商已经将该设备的报价降到 280 万美元/套，美国的 C 厂商的报价也比贵司便宜得多。如果贵司在价格方面不能给予我司足够有诚意的让步，我们也不必浪费时间了。"

德国厂商 B 公司的谈判代表说："美国 C 厂商和我们可以勉强比较一下，日本 D 厂商和我们根本无法相提并论。"

A 公司的谈判代表说："不一定。日本 D 厂商虽然全球业绩不如你们好，但在日本有非常多的成功案例，我们也深入考察过他们的产品品质和技术，是没问题的。美国 C 厂商不仅价格比你们便宜，他们还可以延长两年质保期，提供免费的操作培训。"

看到 A 公司的谈判代表并没有确定自己为最终合作的厂商，德国厂商 B 公司的谈判代表同意将价格下调至 365 万美元/套。这个价格虽然也算比较低的价格了，但还是超出了 A 公司的预期，A 公司立即与美国 C 厂商谈判，最终以 338 万美元外加延长两年质保期，提供免费的操作培训和驻场技术支持 6 个月的条件签下了这个合同。

第五节　七种典型的讨价还价策略

在讨价还价，达成共识阶段，给大家介绍七种讨价还价的策略，它们分别是：不接受对方第一次还价策略、表现意外策略、不情愿策略、红脸－白脸策略、条件交换策略、价值补偿策略和更高权威策略。其中，前四个策略是用来降低对方心理预期的，后三个策略主要是用来缩小差距、达成共识的。

1. 不接受对方第一次还价策略

所谓不接受对方第一次还价策略，就是当我方报出一个价格或提案，对方给出一个还价时，即使这个还价已经落在谈判者的心理价位之内，也不要轻易接受。因为你一旦接受这个价格，对方就会感觉他给出的还价肯定是让你占了便宜，你才会这么爽快地答应，然后他会想尽一切办法破坏交易，或者通过其他方式寻求补偿。

比如在假期，你和家人一起到某滨海城市旅游，闲逛时你看中了一个街边小贩兜售的由鹦鹉螺贝壳做成的工艺品。于是你问：“这个工艺品多少钱?”小贩回答：“80 元。”你说：“40 元卖不卖?”小贩说：“可以，卖给你。”此时，你肯定有上当的感觉，会设法终止这笔交易，比如假装挑选之后以都不满意为由摆脱这个小贩。要是遇到有素质的小贩还好，要是遇到比较强横的小贩，恐怕你就不得不花 40 元买下这个鹦鹉螺做的工艺品了。

在运用不接受对方第一次还价策略时，我们应考虑后续可能还会给予对方让步，不能把门关死，所以不要直截了当地对对方的让步要求说“不”，而是以“不好办”“实在价了”“没有先例”“实在抱歉”等句式，委婉拒绝对方的让步要求。

2. 表现意外策略

所谓表现意外策略，就是谈判者对谈判对手提出的要求表现出非常吃惊的样子，让对方感觉自己的要求对方是不可能答应的，降低对方的心理预期。

比如一位供应商的销售人员给某大客户采购经理报出了150美元/台的价格，采购经理立即身体前倾，瞪大眼睛，对着销售人员咆哮："你开什么玩笑？年轻人，这种产品其他供应商给我们的价格还不到你报的价格的一半，我看没有谈下去的必要了。"这位采购经理使用的谈判策略就是表现意外策略。

对于谈判高手来说，无论自己是买家角色还是卖家角色，都可以使用表现意外策略。如果买家在谈判中对卖家使用了表现意外策略，卖家同样可以使用这个策略反制买家。

比如某大客户采购经理对某供应商的销售人员说："120美元/台，你们同意这个价格今天就可以签约。"此时，供应商的销售人员可以惊讶地张大嘴巴，说："120美元/台？这个价格连成本都合不上。你要是能以这个价格买到和我们同品质的产品，你有多少，我全要了。"

在运用表现意外策略时，谈判者要注意将相关话术与眼神、面部表情、手势等肢体语言配合使用，达到更加逼真的表演效果。

3. 不情愿策略

所谓不情愿策略，就是在谈判者在谈判中表现出对这笔生意不在乎或者可有可无的态度，让对方感觉如果自己提出的条件过高，就不可能达成合作，但是如果对方给的条件合适，还是可以谈的。运用不情愿策略的主要目的是压制谈判对手的期望值，促使谈判对手主动让步。

1991年，纽约地产市场面临崩盘，当时从事房地产生意的美国前总统特朗普也因此陷入一场巨大的债务危机，他亟须现金流来偿还到期债务，而他手中最好出售的资产就是曼哈顿圣莫里兹酒店，这家酒店是他在三年前花7300万美元买下的。听说酒店出售的消息，澳大利亚的富豪艾伦·邦德表示有购买意向。

虽然亟须用钱，特朗普仍然运用了不情愿策略来提高对方的心理价位。

谈判一开场，特朗普就对艾伦·邦德说："艾伦，圣莫里兹酒店是我最喜欢的产业，我现在又不想把它卖掉了，我准备把它留给我的孙子，你可以考虑我名下其他任何一家酒店。不过，为了公平起见，如果你想要，告诉我你最多能出多少钱呢？"

最终，这笔生意以1.8亿美元成交。

在销售人员与采购经理谈判时，采购经理常常会采用不情愿策略来降低销售人员的心理预期，打压他们企图高价成交的信心。

比如他们经常对销售人员说："我们现在有合作很久的供应商，没有更换供应商的想法。但是如果你们能给我一个非常有竞争力的价格，合作的事情还是可以考虑的。"

当然，销售人员也可以使用不情愿策略来降低采购经理的心理预期，比如他可以在采购经理要求降价的时候说："说实在话，现在我们公司产能十分紧张，价格低的订单公司根本不让我们接，我也是觉得你是老客户，才和公司申请了特价的，这个价格你要是接受不了，我也没办法了。"

4. 红脸－白脸策略

所谓红脸－白脸策略，就是在谈判中两名或两名以上的谈判者现场表演对手戏，一人扮演"白脸"，态度强硬，装出根本不想和对方达成合作的样子，而另一人扮演"红脸"，向谈判对手表达出合作的诚意，并私下说服对方降低要求。

运用红脸－白脸策略的好处是：既可以降低谈判对手的期望值，迫使谈判对手主动做出让步，又不至因为压力过大使谈判对手退出谈判。

比如一名犯罪嫌疑人因盗窃被带到警察局审问。第一个审问他的警察是一个长得凶巴巴、态度粗暴的人，他会运用各种威胁手段逼迫犯罪嫌疑人交代问题，让犯罪嫌疑人恐惧。

几分钟后，这个凶巴巴的警察被另一个人叫出去接电话，第二个警察进来了。

这个警察很友善，态度也很和蔼。只见他微笑着递给犯罪嫌疑人一支烟，并帮他点上，说："伙计，你的案情我大概知道，情况没那么严重，主动交代对你有好处。"

在生活中，我们经常遇到运用红脸－白脸策略的谈判者。

比如你去二手车市场买车，看中了一款二手车，在给卖主一个较低的价格后，卖主表示愿意成交，但价格需要再高一些，但是你不愿意加价。此时，卖主的太太表现得非常不愿意成交，她对卖主说："这么低的价格，我看咱们就别卖了，还不如留着给你爸妈开。"

在商业谈判中，采购方也经常会运用红脸－白脸策略诱使供应商降价。

比如某大客户的老总和采购经理一起在会议室与某供应商的销售人员就产品采购订单进行谈判。谈着谈着，老总突然发飙了，他拍了一下桌子，对采购经理说："我看他们毫无合作诚意，我先走了，你们谈吧，然后老总夺门而去。"

面对呆若木鸡的销售人员，采购经理却面带微笑地说："你别介意，我们老总就这样，脾气不好。但你们这个价格他绝对不会接受，我们之间再怎么认可也签不成合同。不如你直接给我一个最低价，我再帮你和老总沟通一下，争取帮你把这个订单拿下来，你看如何?”

在上述谈判场景中，老总和采购经理就在运用红脸－白脸策略。老总扮演的角色是“白脸”，而采购经理扮演的是“红脸”。

前面讲到的四个讨价还价策略，都是用来降低谈判对手的心理预期或者提高谈判对手对己方提出条件的接受度。在达成“降低对方心理预期或者提高对方对己方提出条件的接受度”的目标之后，接下来就要想办法在各个谈判议题上达成共识。

为了尽快在谈判中与谈判对手在主要的谈判议题上缩小差距，达成共识，谈判者可以采取条件交换策略、价值补偿策略和更高权威策略。

5. 条件交换策略

在谈判中，谈判者每满足对方一个条件，也要让对方满足自己一个条件，这种谈判策略被称为条件交换策略。

条件交换策略是谈判进入中场阶段时最重要的谈判策略。运用条件交换策略给对方让步时，会让对方感觉你的每分钱让步都是有理由的，让你做出的每分钱让步，自己都是需要付出代价的。

在生活中，运用条件交换策略进行谈判的场景比比皆是。

比如某位顾客去某品牌汽车4S店买车，顾客说：“这款车要是再优惠5000元，我们就下单。”

4S店的销售经理会说：“优惠5000元可以，但你需要在我们这里上保险。”4S店的销售经理采用的谈判策略就是典型的条件交换策略。

某位顾客买空调，说：“这款空调要是再优惠200元，我就下单了。”空调店的店员会说：“优惠200元可以，但我们不负责运送和安装。”顾客和空调店的店员都在使用条件交换策略。

当销售人员面对采购经理降价的要求时，最好的办法就是运用条件交换策略与其沟通。因为条件交换策略可以给销售人员带来的好处是：既不会因为强硬拒绝而导致谈判破裂，又能够适当满足采购经理的诉求，还能尽量为己方争取更多的利益。

比如采购经理说："你们的价格需要再降3%，否则就无法签约。"销售人员应该怎么运用条件交换策略回应呢？

销售人员可以要求采购经理给自己更好的付款方式，比如如果付款周期从三个月变成两个月，价格就可以再降3%；也可以要求采购经理给自己更多的订货量或者份额，比如如果采购份额可以从目前的30%提高到40%，价格就可以再降3%。

6. 价值补偿策略

所谓价值补偿策略，就是当谈判者不愿意再给谈判对手让步时，为了表达合作诚意而给予谈判对手价格之外补偿的一种让步策略。

常见的价格之外的补偿包括：

（1）赠送赠品。

（2）赠送服务。

（3）减免费用。

比如某位顾客去汽车4S店买车，当顾客看中了一款车并要求4S店给予价格优惠时，店员会说："我们这里都是最低价，无法优惠，但是我可以送你价值3000元的全车贴膜。"

某位顾客去电脑专卖店购买笔记本电脑，当顾客看中了一款笔记本电脑并要求店家给予价格优惠时，店员会说："我们这里都是最低价，无法优惠，但是我可以送你价值500元的电脑包，外加一个原装鼠标。"

7. 更高权威策略

所谓更高权威策略，就是在谈判者已经给出最后让步之后，对方仍然无法接受时，通过请示上司或上级组织给予对方再次让步的一种谈判策略。

运用更高权威策略的目的有三个：

（1）拒绝给对方让步之后，仍然为自己的后续让步找到合理的理由。

（2）阻止对方进一步提出条件，但又不至于使谈判破裂。

（3）使对方失去真正的谈判对象，无法施展谈判技巧。

在生活中，我们经常会遇到使用更高权威策略的谈判者。

比如你去商场买皮鞋，商场正在搞八折促销活动。你看中了一双皮鞋，试穿之后觉得很合脚，于是要求营业员打七折。

营业员说八折已经是最低价了，并把今天成交的记录给你看，显示当天没有低于八折成交的。当你转身想离开的时候，营业员又叫住了你，说："如果你诚心买，我可以给店长打电话，看她愿不愿意给你优惠。"几分钟后营业员出来说："店长同意以七折的价格把皮鞋卖给你了，但是不退不换。"

销售人员面对采购经理时，可以先运用条件交换策略给予对方一定幅度的让步。如果感觉让步幅度仍然无法满足对方的要求时，就可以再运用请示上司策略，说我的让步权限就这么多，打电话请示一下领导。

几分钟后，打完电话的销售人员对采购经理说："领导说了，鉴于你是我们的长期合作客户，同意在前面的让步基础上再增加1%的优惠，但付款周期需要缩短一个月。"

第十一章　如何成功突破谈判僵局

第一节　三种典型的谈判僵局

谈判者在谈判中遇到的最棘手、最烦心的事情可能就是遭遇谈判僵局了。

什么是谈判僵局呢？所谓谈判僵局，就是在谈判中，谈判双方各自对利益的期望，或对某一问题的立场和观点存在严重分歧，很难达成共识，而双方谁也不愿意做出单方面的妥协或让步时，谈判就会出现停顿，这种停顿的局面被称为谈判僵局。

谈判僵局不一定是谈判死局，谈判僵局的出现并不意味着谈判已经破裂，但谈判僵局的出现至少会拖慢谈判的节奏，并使谈判破裂的风险增加。

如果谈判双方不能以正确的态度对待谈判僵局，以理智的手段处理谈判僵局，轻则引发谈判破裂，重则导致双方的冲突升级，给谈判双方带来更严重的损失。应对谈判僵局的能力，是衡量谈判者谈判水平的重要尺度之一。

不成熟的谈判者在谈判中遭遇僵局时，往往会自我否定、丧失信心，最终选择放弃己方的底线和原则，答应对方的要求。而成熟的谈判者将谈判僵局看成是谈判过程中的小插曲，甚至将谈判僵局视为一种高超的谈判手段，绝不会因为僵局的出现就放弃自己的底线和原则。

在谈判实战中，我们可以根据导致僵局出现的原因将谈判僵局分为三类：策略性僵局、情绪性僵局和实质性僵局。

第二节 策略性僵局的应对

所谓策略性僵局，也被称为人为僵局，就是由谈判中的某一方或者出于拖延时间的目的，或者出于为己方创造谈判筹码的目的，或者出于试探对方的决心和底线的目的而故意制造出来的僵局。其手段主要有：

（1）狮子大开口，提出对方根本就无法答应的要求。

（2）假意离开谈判桌，主动终止谈判。

（3）故意制造冲突使谈判无法正常进行。

如果谈判者仍有诚意与谈判对手达成合作，在故意制造僵局时就需要掌控僵局的“火候”，既要让对方感觉谈判即将走向破裂，又要保持谈判始终处于破裂边缘但是不破裂。为此，谈判者需要在离开谈判桌时给对方留一线希望，给自己留一条后路，以便后期随时重启谈判。

比如某位试图制造僵局的谈判者一边起身收拾东西一边对谈判对手说：“既然大家无法在这几个条款上达成共识，今天就谈到这里吧，你们回去也商量一下我们提出的条件。”这位谈判者强调了“今天就谈到这里”而不是“再也不要谈了”，其实就是为后期重启谈判留了一条后路。

故意制造僵局是一种带有冒险倾向的谈判策略。

如果这种策略运用得当，会使谈判者获益，如果运用不当，其后果可能会非常严重。因此，谈判者在谈判中运用这种策略时，必须对策略运用后产生的收益和风险进行评估。如果谈判者没有较大把握控制僵局的发展，或者无法承受因僵局导致谈判破裂而带来的损失，最好不要轻易采取这种谈判策略。

案例11-1：勘探设备制造商故意制造僵局导致谈判破裂

国内某勘探设备制造商A公司因业务需要想从欧洲的B公司引进一种先进的勘探设备，制造这种设备的相关技术在当时属于前沿技术和行业核心技术，只有少数几个发达国家的公司掌握。

双方就该设备的技术引进事宜进行谈判时，A公司提出要出高价买断该项技术，希望B公司出售其专利权或者公司股权。而B公司坚持只出售技术使用权，允许B公司使用专利技术制造该设备，但不会出售专利权，更不会出售公司的股权。

此后A公司故意制造僵局，单方面终止了与B公司的接触，而B公司根本不在乎A公司的态度，谈判最终从僵局走向破裂。迫不得已，A公司不得不投入人力和物力开发此技术，四年之后才开发出类似产品。而B公司已经与国内另一家企业达成技术转让协议，其产品技术和品质方面远优于A公司。由于A公司的产品一直打不开市场，上千万美元的投入打了水漂。

如果谈判对手制造了策略性僵局，应该采取的应对策略是：

(1) 坚守自己的底线，表现出诚意和耐心。

（2）坚持运用条件交换策略。

（3）暂停谈判，等待转机。

（4）以“硬碰硬”的手段化解对方的策略。

第三节　情绪性僵局的应对

在谈判过程中，由于谈判双方情绪激动导致冲突升级，甚至唇枪舌剑、互不相让，最终使谈判无法继续进行的情况，称为情绪性僵局。

谈判中出现情绪性僵局，可能是因为谈判双方的文化差异过大而产生误解，也有可能是因为某一方的语言或行为举止让对方认为受到羞辱、受到歧视。

高明的谈判者都明白一个道理：情绪既不能带来利益，也无法创造价值，更不能代替原则。应对情绪性僵局，谈判者应秉承“先处理心情，再处理事情”的原则，先使自己和谈判对手冷静下来，再将谈判重新拉到正常的轨道上。

遇到了情绪性僵局，谈判者可以采取的应对措施是：

1. 调整谈判的主题

例如，双方可以重新讨论谈判启动的初衷，以及双方在谈判开始时各自承诺的立场，检讨一下目前的状态是否已经偏离了初衷和双方承诺的立场。

案例 11－2：物流公司如何通过改变谈判议题突破僵局

A 物流公司一直为手机厂商 B 公司的电商部门提供物流服务，双方合作良好，每年合作额约 300 万元。

2021年底，B公司以自己是A公司的大客户，且保证2022年的采购量会翻倍为由，要求A公司在价格方面给予5%的折扣，而A公司的谈判代表坚持只能给予对方2%的折扣。由于双方无法就价格达成共识，谈判陷入僵局。

此后，A公司的谈判代表向一位谈判专家请教。谈判专家经过调研和分析发现：手机用户对B公司电商部门的物流效率和准时送达率本来满意度就不高，如果仍然从降低物流成本方面考虑问题，物流服务商将越发无力在物流效率和准时送达率方面进行改善，一旦客户满意度下降导致手机销量下滑，双方的博弈就变成负和博弈，最终形成双输的局面。

在谈判专家的指导下，基于双方合作共赢的总体原则，A公司的谈判代表向B公司提供了一个新的解决方案：A公司通过持续优化物流方案、增加服务网点覆盖等方式将货物送达的全程时限从43个小时缩短为41个小时，将48小时准时送达率从原来的65.2%提升至为70%。以此为基础，B公司将2022年70%的订单交由A公司处理，A公司在2022年给予B公司2%的价格折扣。

这个方案虽然还是不被B公司的采购负责人接受，但打动了B公司的电商部门，因为他们正为客户满意度下降的问题头痛。

最终双方达成一致的方案是：A公司通过优化物流方案、增加服务网点覆盖等方式将货物送达的全程时限从43个小时缩短为41个小时，将48小时准时送达率从原来的65.2%提升至为70%。A公司在2022年给予B公司3%的价格折扣，B公司将2022年80%的订单交由A公司处理。

2. 调整谈判的场地

心理学家认为：非正式的场更能令人放松，更有助于人与人之间建立关系。在谈判出现情绪性僵局时，双方不妨换一个轻松的环境（比如咖啡馆、茶室）进行沟通。在轻松的空间，伴随着优雅的音乐，双方的情绪可能会平复。

案例 11－3：销售经理如何通过更换谈判场地突破谈判僵局

某公司采购总监乙在自己公司的会议室与某供应商销售经理甲针对一个采购订单的价格问题谈了整整一天，销售经理甲做出的让步始终无法令采购总监乙满意，采购总监乙威胁甲："如果价格方面不能让步，这个单子就会交给价格更低的供应商来做，你现在就可以收拾东西回去了。"

销售经理甲非常无奈地收拾东西准备离开会议室，恰好他看到采购总监乙非常痛苦地坐在椅子上，闭着眼睛，一只手用力地捏着颈椎，就问："你是不是颈椎不太舒服？我认识一位中医按摩师，特别厉害，我多年的颈椎问题一个月就治好了。你要不要试一下？"

一个小时后，销售经理甲与被颈椎问题折磨的采购总监乙一起来到中医按摩诊所。两个人一边做中医按摩，一边继续讨论价格方面的事情。

当按摩快结束的时候，采购总监乙答应给销售经理甲增加一个其他项目的订单，销售经理甲也同意在价格方面给予采购总监乙一定程度的让步。

3. 调整谈判的人员

如果谈判过程中某一方率先使用了带有攻击性、侮辱性的语言，使另一方的自尊心或名誉受到伤害，则谈判双方应立即终止谈判，防止冲突升级。如果率先使用了带有攻击性、侮辱性的语言的一方还想继续与对方谈判，就需要调整谈判人员，换掉曾经侮辱、攻击对方的谈判代表，引入级别更高的，或者双方都认可的长者介入谈判。

A园区招商经理与B公司老板针对入驻园区的政策及租金问题谈了三天，由于双方在关键议题上产生了严重的分歧，B公司老板决定终止谈判。A园区招商经理对双方无法合作成功表达了歉意，但仍然热情邀请B公司老板和A园区负责人在临行前的晚上共进晚餐。

B公司老板与A园区负责人年龄相仿，非常投缘，大有相见恨晚的感觉。A园区负责人当场在关键条款上给予B公司老板很大的让步，B公司老板也很爽快地答应了对方提出的一些要求，双方第二天顺利签约。

4. 调整谈判时间

如果谈判双方确实因矛盾激化而无法继续谈判，双方可以协商暂时终止谈判，择日再开始新一轮的磋商。

调整谈判时间对谈判者来说有以下几个好处：

（1）防止冲突升级。

（2）有充分的时间平复情绪，恢复理智。

（3）有充分的时间总结谈判中出现的问题并找到原因。

（4）有充分的时间进行信息情报的搜集，以及思考新的解决方案。

（5）可以利用休会的时间与谈判对手私下接触，恢复关系。

5. 引入中间人调停

如谈判双方确实因情绪性僵局而无法面对面沟通，可以暂时休会防止冲突升级、谈判破裂。此后，如果双方对达成合作仍抱有期望，可以通过双方都比较熟悉或者双方都比较尊重的第三方人士来充当调解人或仲裁人，说服谈判各方重新回到谈判桌上。

例如，小两口因为日常生活的矛盾而争吵，妻子赌气回了娘家。过两天觉得没什么大不了的事情，想和丈夫和好。但丈夫一直不搭理自己，自己又不好意思服软，怎么办呢？最好的办法是妻子让父亲或母亲给丈夫打电话，邀请他来家里吃饭，吃饭的时候再让父亲或母亲以第三方的身份说和，矛盾就解决了。

一般来说，调解人或仲裁人在突破情绪性僵局方面可以起到以下作用：

（1）以调解人的身份促使谈判双方消除对立情绪，有机会面对面沟通。

（2）以仲裁人的身份对谈判双方的问题给予裁决，并提出双方都可以接受的谈判方案。

（3）推动谈判双方就新的方案达成共识。

案例 11－4：司法调解人如何帮助农场承包商与鱼塘承包商突破谈判僵局

某农场承包商承租了一大块土地用于种植水稻。由于当地政府环保整治要求，导致农场主无法自行取用地下水进行农田灌溉。农场承包商于是向相邻的鱼塘承包商求助，鱼塘承包商同意有偿借用其鱼塘供水系统为农场主供水，但仅限 24 小时。

一周以后，鱼塘承包商发现其供水设施损坏，无法向鱼塘正常供水，导致鱼塘内的鱼因缺氧而大面积死亡，初步计算损失约40万元。鱼塘承包商认定供水设施的损坏是农场承包商使用大功率水泵抽水造成的，提出由农场承包商赔偿40万元经济损失。双方通过多次谈判协商此事，始终无法统一意见，鱼塘承包商于是采取了比较极端的手段扰乱农场承包商的正常耕作，导致冲突升级，谈判陷入僵局。

农场承包商将此事反映给当地政府主管部门，于是政府主管部门派出一位司法官员调停双方的纠纷。该司法官员了解了双方的情况之后，提出两条建议：

（1）双方首先需要对供水设施损坏的责任进行认定，确认供水设施损坏是否与农场承包商使用大功率水泵有直接关联。

（2）在认定责任之后再进行损失认定，确认鱼塘承包商提出的索赔金额是否合理。

此后，司法官员邀请当地水务部门、农业部门及设备厂商技术工程师等相关技术专家对损坏的供水设备进行检测，发现供水设备损坏确系因外部接入的水泵功率过高且长时间连续作业造成，农场承包商对此事负主要责任，鱼塘承包商发现供水设备损坏后未能采取措施防止损失扩大，对此事应付次要责任。

确认了双方的责任之后，司法官员又组织专家对鱼塘的损失进行了认定，最终认定鱼塘实际损失约30万元，应由农场承包商承担其中的70%，即21万元。

农场承包商不同意司法官员给出的赔偿建议，司法官员劝他：“如果你们无法达成和解，农场里的水稻将得不到灌溉，每年损失的利润估计要超过30万元。如果你们达成赔偿协议，鱼塘承包商会继续让你使用他鱼塘里的水和供水设备，这对你们都有利。”

在司法官员的调解下，最终双方达成赔偿协议。此后政府农业技术部门和设备厂商帮助鱼塘承包商更换了新的、更高功率的供水设备，并以分路分表的方式为鱼塘承包商单独安装了一路供水系统，从根本上解决了双方的冲突。

第四节　实质性僵局的应对

所谓实质性僵局，就是谈判双方在核心利益上意见分歧非常大，难以达成共识，最终使谈判陷入停顿状态。如何判断一个僵局是策略性僵局还是实质性僵局呢？主要判断依据是谈判对手是否有其他退路。如果谈判对手还有其他备选合作伙伴或备选解决方案，就是实质性僵局，反之，更大可能是策略性僵局。

实质性僵局是三种僵局中最难解决的僵局，应对实质性僵局的最佳策略是：

（1）提出新的 BATNA（最佳可替代方案）：谈判双方抛开让谈判陷入僵局的现有方案，创造新的最佳可替代方案，然后再针对新的最佳可替代方案重新启动谈判。

（2）引入第三方力量：通过第三方力量的介入，推动谈判双方建立沟通机制，提出新的方案建议，促使谈判双方就新的方案达成共识。

案例 11－5：污水处理项目建设突然遭遇成本上涨，水务集团与地方政府各执一词，相持不下，如何突破谈判僵局

某水务集团 A 公司与 B 市市政府签订了一项固定总价的 PPP 项目

合作协议（注：PPP即Public-Private Partnership，又称PPP模式，是政府和社会资本合作建设、运营公共基础设施的一种项目运作模式），采取BOT模式（注：Build-Operate-Transfer，“建设－经营－转让”的项目承包模式）建设一座日处理量为20万吨的污水处理厂。

在项目开工建设半年后，因受市场大环境影响，人工成本及原材料价格暴涨，A公司测算后期投资成本需要增加约30%，于是向B市市政府相关部门提出希望政府在原有合同总价的基础上追加30%的投资预算。B市市政府给出的答复是：双方签订的PPP协议是固定总价合同，拒绝追加投资。

A公司与B市市政府的谈判一度陷入僵局，工程也因此陷入停滞。如果双方未能就追加投资一事达成协议，不仅A公司无法收回前期投资，B市市政府辖区范围内的居民生活、房地产开发和招商引资工作都会受到较大影响。

为了尽快突破僵局，降低双方损失，水务集团A公司主动与B市市政府相关部门接触，并提出了一个新的思路：由于人力和材料成本上升导致的预算增加，B市市政府承担25%，A公司承担5%，但A公司承诺将该项目打造成精品示范项目，并确保工程如期完工投运。

经过一番讨论，考虑到无论是将项目停下来讨论增加预算的问题还是解除合同都会给双方造成较大的利益损失，而招商引资的地产开发的事情也拖不起，B市市政府的相关领导最终同意了A公司提出的新方案。

此后，在A公司的努力和B市市政府的全力支持下，该项目不仅如期交付并投运，还申请到了国家级的示范项目奖，取得了良好的经济效益和社会效益。

俗话说：“条条大路通罗马。”谈判方案并非只有一个。使谈判陷入僵局的方案也许只是解决谈判双方的冲突或利益争端的方法之一，并非全部。

当谈判陷入实质性僵局时，如果谈判双方能本着“合作共赢”的原则创造更多可以同时满足双方利益的谈判方案，僵局自然就不存在了。

高明的谈判者都懂得一个道理：解决问题的方案永远不会只有一个。在突破谈判僵局方面，创意出多个谈判方案，扩大谈判双方在谈判桌上的选择要比就原来的方案吵来吵去重要。

参考文献

[1] 李林. 参与方地位非对称条件下 PPP 项目风险分配的博弈模型 [J]. 系统工程理论与实践, 2013 (8): 1940 - 1948

[2] 间林媛. PPP 项目的风险分担模型研究 [J]. 项目管理技术, 2011 (1): 23 - 26

[3] Roger Fisher, William Ury, Bruce Patton. 王艳, 罗昕译. 谈判力 (GETTING TO YES) [M]. 北京: 中信出版社, 2009

[4] Deepak Malhotra, Max H. Bazerman. 吴奕俊译. 哈佛经典谈判术 (NEGOTIATION GENIUS) [M]. 北京: 中国人民大学出版社, 2009

[5] 王超柱. 国际 EPC 项目合同管理研究 [D]. 西南交通大学, 2011: 11

[6] 昂奇, 冯向东, 唐文哲, 沈文欣. 国际工程 EPC 项目合同管理研究 [J]. 项目管理技术, 2017, 15 (03): 32 - 37

[7] 王亚彬, 陈运. 基于 FIDIC 条款的国际工程反索赔规避策略 [J]. 建筑经济, 2012 (11): 57 - 60

[8] Roger B Myerson. 于演, 费剑平译. 博弈论 - 矛盾冲突分析 (GAME THEORY-Analysis of conflict) [M]. 北京: 中国人民大学出版社, 2015

[9] 谢识予. 经济博弈论 (第二版) [M]. 上海: 复旦大学出版社, 2002

老板·创业			
一、经理人			
书名	**内容**	**书名**	**内容**
老总有想法，高层有干法 王清华　著	企业将、帅之间的定位问题、角色问题、方法问题、思维问题、管理问题等	**历史深处的管理智慧1：组织建设与用人之道** 刘文瑞　著	通过历史鉴照当今企业选人用人、二代接班人、创业团队管理等问题
历史深处的管理智慧2：战略决策与经营运作 刘文瑞　著	通过历史鉴照当今企业决策、战略规划、战略冒进、决策监督等问题	**历史深处的管理智慧3：领导修炼与文化素养** 刘文瑞　著	通过历史鉴照当今企业的领导修养、用权、管理风格等问题
老板经理人双赢之道 陈明　著	经理人怎么选平台、怎么开局，老板怎样选/育/用/留		
二、用人			
用好骨干员工 王敏　著	系统化分享关键人才打造与激励方法	**领导这样点燃你的下属** 孟广桥　著	领导者如何才能让员工积极主动地工作
让用人回归简单 宋新宇　著	帮助管理者抓住用人的要害，让用人变得简单	**激活新生代员工** 史量　孙斌　著	走进新生代的世界，一套行之有效的管理、激活90后、95后、00后的方法
三、转型·创业			
创业要过哪些坎 董坤　著	15年创业咨询经验总结的创业遇到的问题及办法	**高潜牛人** 董坤　著	创业和事业发展中如何找到牛人
成为下一个SaaS独角兽 崔牛会　主编	19位SaaS领专家，7个不同的视角总结SaaS行业实践	**创模式：23个行业创新案例** 段传敏　著	CEO社群23位企业家的思考与实践分享
重生——中国企业的战略转型 施炜　著	本书对中国企业战略转型的方向、路径及策略性举措提出了建议和意见	**7个转变，让公司3年胜出** 李蓓　著	企业估值、业务模式、营销、生产制造、客户服务、用户黏性、组织管理7个转变
企业二次创业成功路线图 夏惊鸣　著	五步骤给出了一幅企业二次创业经营突破、管理提升的成功路线图	**跟老板“偷师”学创业** 吴江萍　余晓雷　著	如何通过“偷师”学习与积累当老板的阅历
公司由小到大要过哪些坎 卢强　著	企业成长路线图，现在我在哪儿、未来还要走哪些路都清楚了	**跳出同质思维，从跟随到领先** 郭剑　著	66个精彩案例剖析，帮助老板突破行业长期思维惯性
极速增长：企业扩张策略 董坤　著	以“8shoes扩张法则”为思考框架，帮助处于这个阶段的创业公司及以创业公司形式孵化的变革型项目做出清晰的战略选择		

企业经营			
经营打造你的盈利系统 高可为　著	选择最有效的经营策略，打造属于自己的商业模式	**中国企业的觉醒** 王涛　著	企业告别自私、野蛮，转向善良、爱，才会赢得消费者
成为敏感而体贴的公司 王涛　著	未来有竞争力的企业，一定是那些敏感而体贴的公司	**有意识的思考** 王涛　著	对头脑中固有观念保持觉察，从而超越它们的局限
简单思考 孔祥云　著	著名咨询公司（AMT）CEO创业历程中的经验与思考	**写给企业家的公司与家庭财务规划** 周荣辉　著	以企业的发展周期为主线，介绍各阶段企业与企业主家庭的财务规划

续表

书名	内容	书名	内容
从10亿到100亿的企业顶层设计 刘建兆　著	重新定义企业成长方式，有效益、有效率、有效能、有效果、有品质的良性成长	**企业融资：投资人没告诉你的那些事** 杨军　著	资深投资人揭示融资“潜规则”，让企业有的放矢
宗：一位制造业企业家的思考 杨涛　著	发展20年营业额近亿元制造业企业家的思考与心得	**使命：驱动企业成长** 高可为　著	用大企业发展轨迹及企业家的心路历程，揭示企业成长的基因、做事的逻辑
让经营回归简单 宋新宇　著	战略、客户、产品、员工、成长、经营者的经营法则	**边干边学做老板** 黄中强　著	86个案例讲述中小公司成长过程中遇到的问题和方法
盈利原本就这么简单 高可为　著	跨越业务与财务边界，为企业提高盈利水平提供方法	**战略参谋：写出管用的战略报告** 蔡春华　著	企业对自己、市场、行业其实了解更深，助你高质量完成战略规划
不战全胜：给企业家读的孙子兵法 王吉坤　杨伟霞　著	从《孙子兵法》提炼和总结了帮助企业打造行业龙头品牌的体系	**公司离不开的全栈运营高手：产品运营与推广获客** 王虎　著	涉及运营案例、思维理论、实操复盘、管理方式、推广策略等，是作者八年运营推广经验的浓缩
公域引流　私域经营：这样经营用户关系 王庆云　汪洋　著	为大中型企业提供私域建设的顶层和全景式框架，探索不同业务特性可能适配的不同私域模式	**平台生态：价值创造与价值获取** 彭毫　罗珉　著	厂商之间的竞争已经从产品转到平台，如何创造新的价值创造和获取模式，是企业最想得到的答案
合伙制经营：有效激励，而不丧失控制权 胡八一　著	重点阐述实施合伙制的流程，通过四步为企业家提供一种有效激励而不丧失控制权的工具和方法	**机制创造人才** 彭剑锋　尚艳玲　著	华夏基石专家团著作，为个体赋能，经营人成就人，进行机制创新和价值管理
企业高管经营课：觉察认知盲点，突破增长瓶颈 范桃根　著	65个问与答，全面认知企业问题在哪里，避免盲人摸象；打破认知障碍，拥有解决问题的能力。附赠一套方法工具		
管理·管理学			
一、企业管理			
让管理回归简单 宋新宇　著	从目标、组织、决策、授权、人才、老板自己等提供方案	**管理的尺度** 刘文瑞　著	西医式的体检化验，又要施加中医式的望闻问切
管理：以规则驾驭人性 王春强　著	人性驾驭角度权度运筹安排的可兑现性，管理有效性	**看电影，学管理** 刘文瑞　著	十六部电影的解读，揭示电影内含的管理之道
好管理　靠修行 曾伟　著	从佛法、道法思想中寻找管理智慧	**公司大了，怎么管** 金国华　著	成长型企业发展中的共性问题，通过案例实录解开
低效会议怎么改 王玉荣　葛新红　著	从梳理公司会议体系的层面改变低效会议的现状	**年初订计划年尾有结果** 郭晓　著	总结七步落地方案让战略计划切实落地实现
分股合心 段磊　周剑　著	围绕股权激励，详细介绍相关知识和实行方法	**员工心理学超级漫画版** 邢雷　著	以漫画形式对组织中个体心理的全面介绍和深入探讨
让投诉客户满意离开 孟广桥　著	投诉法律法规，应对各种投诉技巧等提升客诉能力	**管理就是定计划，抓落实** 张国祥　著	员工“看了就会、拿来就用”的计划制订操作指南
不读韩非子，怎么当老板 王春强　著	通过集中分析有关人性的内容，引导现代管理者更深理解人性是如何影响企业运行，以及管理者应如何因人性而实施管理	**重新想象组织** 彭剑锋　尚艳玲　著	华夏基石专家团著作，通过组织变革逐步进化，找到成长之道，让企业可持续发展

续表

书名	内容	书名	内容
战略管理有方法 和恒咨询　著	结合中国企业实践总结的一套独创性、实操性的战略方法，100+工具轻松做战略	**高管如何为公司创造高增长** 彭剑锋　尚艳玲　主编	战略驱动着企业成长，企业又该如何突破增长的瓶颈
供应链管理改善咨询：案例·方法·工具 于晓光　许忠宁　赵玼　著	掌握供应链改善结构化方法，实现准时交付和低运营成本	**重塑竞争的市场边界战略** 张戟　著	选择与竞争对手不同的消费需求集合，通过独特的价值链活动，创造一个最有利的市场地位，让企业获得领先的核心竞争优势
二、管理思想			
管理学的奠基者 刘文瑞　著	近代以来的管理思想发展揭示管理思想的演化奥秘	**巴纳德组织理论研读** 郭威　著	深度研读巴纳德《经理人员的职能》，帮你理解和看懂
管理学在中国 刘文瑞　著	科学看待管理学流入中国，对继承发展进行深入的阐述	**德鲁克管理学** 张远凤　著	以德鲁克管理思想发展为线展示20世纪管理学的发展
德鲁克与他的论敌们 罗珉　著	德鲁克与马斯洛、戴明等诸多管理大师论战的故事	**德鲁克管理思想解读** 罗珉　著	全面解构德鲁克思想的精髓与实践价值
治论：中国古代管理思想 张再林　著	深入分析中国古代哲学基本精神的基础上，梳理分析了儒法墨三家的管理思想	**流程经理10年案例笔记** 王焕东　著	用自身工作和生活中的鲜活案例及思考后的心得呈现不一样的流程管理思想
透过决策看组织 李慧才　著	对西蒙管理行为进行贴近企业的通俗化解析和阐释	**为什么高管爱读德鲁克** 王鹏　著	辅助深读德鲁克、提升管理认知
营销·销售			
一、企业销售			
大客户销售这样说这样做 陆和平　著	大客户销售活动的十大模块，68个典型销售场景	**向高层销售** 贺兵一　著	销售人员与客户高层打交道需要重点掌握的知识、技巧
资深大客户经理 叶敦明　著	将大客户经理必须具备的规划、策略、执行三种能力运用自如	**成为资深的销售经理** 陆和平　著	让销售经理成功把握销售管理的6个关键点，并提供工具
销售是个专业活 陆和平　著	据客户采购流程拆分销售过程十阶段，讲解方法技巧	**学话术　卖产品** 张小虎　著	手机、电动车、家电、食品等消费品的一线销售话术
工程项目大客户销售攻略 陆和平　著	三十八讲循序渐进，全方位透视工程大项目拿单的奥秘，通俗易懂，看了就能用	**大客户销售谈判：获得利润的最快途径** 陆和平　著	从不会谈判到成为谈判专家，帮助你在与大客户的谈判中轻松说服对方，实现从一次成交、成本价成交到高价成交、持续成交的转变
二、企业营销			
新营销组织力 迪智成　著	适应最新数字化外部环境，系统化协同组织能力建设	**营销按钮** 老苗　著	讲述存在于人性及各个营销环节中的“按钮”
精品营销战略 杜建君　著	“精品营销战略”核心逻辑与营销组合策略	**360°谈营销** 王清华　古怀亮　著	营销是立体的，从不同角度观察不同企业的营销精髓
互联网精准营销 蒋军　著	互联网时代整体策划、包装品牌和产品	**招招见销量的营销常识** 刘文新　著	做好基本的营销动作都可以提高销量、降低成本

续表

书名	内容	书名	内容
用数字解放营销人 黄润霖　著	用数字说话覆盖营销工作的方方面面	**用营销计划锁定胜局** 黄润霖　著	让营销计划落地，营销人员只需解决两个问题：基数与概率
新营销2.0：从深度分销到立体连接 刘春雄　公方刚 牛恩坤　等著	立体连接打通三度空间，在互联网时代诞生快消品领域的超级巨头	**中国营销战实录** 联纵智达研究院　著	51个案例，46家企业，46万字，18年积淀
弱势品牌如何做营销 李政权　著	产品与物流通道、服务通道、促销互动通路，提供方法	**解决方案营销实战案例** 刘祖轲　著	十大工业品作者实操案例解码解决方案营销
升级你的营销组织 程绍珊　吴越舟　著	根据企业的实际情况建立有机性营销组织	**孙子兵法营销战** 刘文新　著	理解《孙子兵法》原意的同时，还可体悟到营销之用
老板如何管营销 史贤龙　著	十六个招式，理论与案例相结合，高段位营销方法	**渠道管理就这样做** 陆和平　著	渠道规划和设计、渠道成员选择和寻找、渠道谈判和签约、管理渠道日常活动、设计渠道激励政策、解决渠道冲突、渠道的评估和调整
三、品牌			
中国品牌营销十三战法 朱玉童　著	深度演绎最符合企业品牌营销策划的十三套实战战法	**中小企业如何打造区域强势品牌** 吴之　著	从如何建立强势品牌的角度解析扩张难题
小众战略：小资源打造强势品牌 吴修利　著	从品牌观念、市场调研、竞争机会、内部调整等角度，对产品、渠道、传播等核心原则进行了系统梳理	**把品牌建在顾客心里：4步实现品牌IP化** 张学军　著	让品牌自带话题，自主传播
四、营销策划			
这样写文案，就没有卖不动的产品 秦剑　刘安丽　著	术、法、道三个层面由浅至深培养商业文案创作能力	**洞察人性的营销战术** 沈坤　著	介绍了28个匪夷所思的营销怪招，大部分可以直接运用
双剑破局：沈坤营销策划案例集 沈坤　著	双剑公司8年来的实操案例，每个项目诞生过程、策划角度和方法	**社区团购就这么干：供应商•平台•团长•用户** 陈海超　杨顶刚　著	分享最新实践经验，一看就懂，照着就能做
企业案例			
鲁花：一粒花生撬动的粮油帝国 余盛　著	鲁花如何成长为优秀的带动农业产业发展的品牌，鲁花你一定学得会	**金龙鱼背后的粮油帝国** 余盛　著	以金龙鱼为脉的一部中国粮油行业的史诗
你不知道的加多宝 曲宗恺　牛玮娜　著	以时间为轴线，详细叙述了加多宝品牌的发展历程	**静水流深** 黄治国　著	作者在美的十五年对何享健内部讲话资料的整理
娃哈哈区域标杆 罗宏文　快车君 赵晓萌　寇尚伟　著	讲娃哈哈豫北市场如何成为娃哈哈全国第一大市场、全国增量第一的市场	**借力咨询：德邦成长背后的秘密** 官同良　王祥伍　著	德邦将自己积累的与咨询公司发展共赢的合作逻辑和盘托出
六个核桃凭什么从0过100亿 张学军　著	全视角深度解读养元企业的裂变成长，复盘十年蜕变轨迹	**像六个核桃一样** 王超　著	六个核桃为什么卖得这么好，产品畅销的6大要义36条简明法则

续表

书名	内容	书名	内容
中国首家未来超市 IBMG 集团　著	对乐城超市的掌门人及内部员工的采访详细阐释了乐城的经验	**三四线城市超市如何快速成长：解密甘雨亭** IBMG 集团　著	甘雨亭的许多关键经营指标均高于行业标准，学习其成功的方法
集团化企业阿米巴实战案例 初勇钢　著	作者在某酒厂推行阿米巴经营模式的心得		
经销商			
新经销：新零售时代教你做大商 黄润霖　著	探访近 100 位经销商在传统营销手法上的创新，传统营销微创新和新营销本地化	**商用车经销商运营实战** 杜建君　王朝阳 章晓青　著	对商用车经销商的经营与管理、4S 店运营做了全方面的总结
跟行业老手学经销商开发与管理 黄润霖　著	从管理耐用消费品经销商角度提炼了 48 个代表性问题并给出解决办法	**快消品经销商如何快速做大** 黄润霖　著	经销商如何通过经营实现规模，通过管理实现规模效益
建材家居经销商实战 42 章经 王庆云　著	经营管理的心法和战法，帮助经销商成为“业务妙手”和“管理能手”	**成为最赚钱的家具建材经销商** 李治江　著	针对建材家居行业的经销商，从销售模式、产品、门店、市场等方面给出方法
白酒经销商的第一本书 唐江华　著	对经销商如何选择厂家、合作、运营品牌等问题给出建议	**快消品招商的第一本书** 刘雷　著	从招商理论到招商动作进行系列化分解，化繁为简
大商方法：榜样经销商与厂家的合作之道 唐道明　著	洞察厂商合作的核心，为经销商提供可行的方法，手把手教你做大商	**快消品经销商成功密码** 舟谱商学院　著	通过 8 个真实经销商案例，分享快消品经销商成功经验与方法
中小企业			
中小企业如何打造区域强势品牌 吴之　著	从如何建立强势品牌的角度解析扩张难题	**用流程解放管理者** 张国祥　著	8 个板块构成，共 66 篇文章，14 幅流程管理图
用流程解放管理者 2 张国祥　著	对中小企业规范化流程管理进行系统的阐述	**弱势品牌如何做营销** 李政权　著	产品与物流通道、服务通道、促销互动通路提供方法
本土化人力资源管理 8 大思维 周剑　著	用最贴近中国中小企业现实管理情境的案例讲述周围人的“家事”	**中小农业企业品牌战法** 韩旭　著	农业企业需要全产业链视野，更需要品牌实战方法
门店管理			
门店销售冠军复制系统 王吉坤　著	门店型企业如何打造可复制的销售冠军系统	**新零售动作分解与实操：建材·家居·家具** 盛斌子　著	对泛家居行业趋势、店面管理、团队管理、促销推广、五感营销等提供策略
家具建材促销与引流 薛亮　李永锋　著	对泛家居营销执行模式和工具、关键环节等进行汇总	**建材家居门店 6 力爆破** 贾同领　著	产品力、导购力、形象力、推广力、服务力、组织力
家具行业操盘手 王献永　著	总结家具终端门店发展的现状及问题并给出策略	**手把手教你做专业督导** 熊亚柱　著	系统梳理督导的核心技能，岗位职责、工作流程及技能

续表

书名	内容	书名	内容
手把手帮建材家居导购业绩倍增 熊亚柱　著	针对建材家居门店的业务人员，用案例故事还原场景教你成为好导购	**10 步成为最棒的建材家居门店店长** 徐伟泽　著	梳理店长管理的核心工作职责、店面管理规范，帮助销售人员成长
建材家居门店销量提升 贾同领　著	9 个板块讲述建材门店一个单店如何做到经营的良性循环	**总部有多强大，门店就能走多远** IBMG 集团　著	五大方向综合阐述连锁零售企业总部如何提升管理能力
赚不赚钱靠店长，从懂管理到会经营 孙彩军　著	注重专卖店的经营思路拓展、门店管理细节方面能力的提升	**新医改了，药店就要这样开** 尚锋　著	从药店定位的思考，内部和会员管理等方面探讨中小型药店发展方向
电商来了，实体药店如何突围 尚锋　著	新时代药店经营的三驾马车：药学专业服务、会员贴心服务和精准定向促销	**引爆药店成交率 1：店员导购实战** 范月明　著	药店人的零售工作，怎样接待顾客，完善销售技巧
引爆药店成交率 2：药店经营实战 范月明　著	从药店经营角度建立改善门店现状的实用标准	**引爆药店成交率：专业化销售解决方案** 范月明　著	从简单的拿药服务到提供多角度的专业解决方案
口腔门诊盈利倍增：精益口腔 杨伟霞　王吉坤　著	为口腔门诊定制业绩提升管理系统并落地实施	**门店店长业绩增长 100%** 熊亚柱　著	将店长遇到的障碍一扫而空，通过一个个生动的案例故事解析，帮你成为管理型店长，不再东奔西跑地瞎忙，让业绩成倍增长
互联网			
一、互联网转型			
画出公司的互联网进化路线图 李蓓　著	18 个“可以……吗”的问题作为产品、客户和价值方面的指引牌	**7 个转变，让公司 3 年胜出** 李蓓　著	企业估值、业务模式、营销、生产制造、客户服务、用户黏性、组织管理 7 个转变
重生战略移动互联网和大数据时代的转型法则 沈拓　著	四个重生战略对应四个法则，告知传统企业的转型重生之路	**创造增量市场：传统企业互联网转型之道** 刘红明　著	为读者提供了寻找这些互联网的切入点和接触点的具体方法，带来增量市场
互联网 + 变与不变 本土管理实践与创新论坛　著	61 篇精华文章，聚焦传统行业如何互联网 + 时代转型	**今后这样做品牌** 蒋军　著	顶层设计、营销创新、产品战略、渠道变革、品牌策略
移动互联新玩法 史贤龙　著	立足现实，剖析新时代背景下的移动互联趋势与热点	**互联网时代的成本观** 程翔　著	多维组合成本的互联网精神和大数据特征及应用
正在发生的转型升级实践 本土管理实践与创新论坛　著	100 多位本土管理专家当年对最新一年的思考和实践	**1000 铁杆女粉丝** 张兵武　著	如何让普通女性成为忠实追随的铁杆粉丝，磁力点、情感结、甜蜜区、信任圈
混沌与秩序 Ⅰ：变革时代企业领先之道 彭剑锋　施炜　苗兆光 王祥伍　孙波　夏惊鸣	新环境下企业面临变革应如何应对，企业家如何坚守并与企业共同成长	**混沌与秩序 Ⅱ：变革时代管理新思维** 彭剑锋　施炜　苗兆光 王祥伍　孙波　夏惊鸣	对处于时代变革下的企业管理新机制、人力资源管理新思维，组织与人的新型关系，结合案例提出优化建议
消费升级：实践 · 研究 本土管理实践与创新论坛　著	从经营、管理、行业三个方面记录消费升级下的实践	**互联网精准营销** 蒋军　著	互联网时代整体策划、包装品牌和产品
智能推荐：让你的业务千人千面 刘国昊　周波　著	从资讯、电商、文娱行业来详细讲解智能推荐的应用，用户时间的争夺战	**制造业外贸营销网站建设** 宋金亮　著	介绍整个网站从无到有的实现过程，从分析思路、撰写内容到规划页面，列举了大量正反面实例，帮助读者理解和投入实践

续表

书名	内容	书名	内容
零售巨头数字化转型操盘笔记 江楠　著	一线操盘运营经理分享传统零售巨头的新零售到家业务全盘操作细节		
二、抖音、微信微商、电商			
书名	内容	书名	内容
抖音营销系统 刘大贺　著	抖音系统的实战营销知识，上百个从0做大的案例	**金牌微商团队长** 罗晓慧　著	微商团队长创业实操的指导工具书
微商生意经：真实再现33个成功案例操作全程 伏泓霖　罗晓慧　著	精心挑选的33个微商成功案例，阐述具体操作过程	**快速见效的企业微信营销方法** 孙巍　著	站在微信生态的立体高度系统讲述企业微信快营销方法论
阿里巴巴实战运营：14招玩转诚信通 聂志新　著	产品定位、阿里巴巴排名因素、数据分析、标题优化等	**阿里巴巴实战运营2：诚信通热卖技巧** 聂志新　著	打开诚信通运营的金钥匙，十大具体运营技巧
电商高管私房课 子道　著	深刻剖析"结硬寨，打呆仗"的经营理念和操作方法，是电商零售管理者和执行团队的好参谋		
三、行业新营销			
餐饮新营销 杨勇　程绍珊　著	聚焦餐饮企业转型，系统的餐饮企业营销管理体系	**新零售进化路径** 李政权　著	预先复盘新零售及商业的未来，找到方向
珠宝黄金新营销 崔德乾　著	珠宝业新营销/新品牌/新产品/新零售/新连接/新场景/新服务/新传播/新管理	**黄金珠宝就这样卖：导购员月销百万的秘籍** 崔德乾　著	让顾客留下试戴、买单的80个技巧，让高级客户感动、一般客户依赖的6大行动秘籍。上午学下午用，让你成为月销百万的销售明星
新零售动作分解与实操：建材·家居·家具 盛斌子　著	对泛家居行业趋势、店面管理、团队管理、促销推广、五感营销等提供策略	**新营销** 刘春雄　著	让品牌商和渠道商掌握获得独立流量的能力，能够与平台商博弈
快速见效的企业网络营销方法B2B　大宗B2C 张进　著	数据和案例90%来自作者服务的中小企业，快速全面地学习企业网络营销方法	**移动互联下的超市升级** 联商网专栏　著	超市未来的发展趋势，对社区超市、生鲜、全渠道建设、O2O等提出观点
百货零售全渠道营销策略 陈继展　著	零售行业的竞争重点、行业本质、战略转型、未来趋势、经验和案例	**互联网时代的银行转型** 韩友诚　著	银行业在互联网金融变革浪潮中所做的积极应对和转型布局
触发需求：互联网新营销样本·水产 何足奇　著	通过鲜誉案例解读阐述水产行业如何进行互联网转型	**新农资如何弯道超车** 刘祖轲　著	从农业产业化、互联网转型、行业营销与经营突破四个方面阐述农资企业转型
新零售　新终端 迪智成　著	将新零售系统打法做梳理并落地在新终端建设上	**新经销：新零售时代教你做大商** 黄润霖　著	探访近100位经销商在传统营销手法上的创新，传统营销微创新和新营销本地化
医药医疗			
一、药店			
新医改了，药店就要这样开 尚锋　著	从药店定位的思考、内部和会员管理等方面探讨中小型药店发展方向	**电商来了，实体药店如何突围** 尚锋　著	新时代药店经营的三驾马车：药学专业服务、会员贴心服务和精准定向促销
引爆药店成交率1：店员导购实战 范月明　著	药店人的零售工作，怎样接待顾客，完善销售技巧	**引爆药店成交率2：药店经营实战** 范月明　著	从药店经营角度建立改善门店现状的实用标准
引爆药店成交率：专业化销售解决方案 范月明　著	从简单的拿药服务到提供多角度的专业解决方案	**连锁药店新风口：资本　智能　大数据** 动脉网　著	对我国连锁药店的市场环境、行业现状等进行分析，给出对连锁药店未来发展趋势的预判

续表

书名	内容	书名	内容
药店导购关联销售技巧与成交话术 范月明 著	以药店情景案例导入，介绍常见疾病的导购销售话术与顾客心理分析，进而提供关联销售解决方案		
二、药品销售			
医药第三终端：从控销到动销 诊所 基层医疗 王祥君 张芳文 著	用大量案例来梳理药企落地动销的策略、方法和技战术	**医药营销：诊所开发维护与动销** 张江民 著	从六个方面系统阐述基层诊所市场营销攻略
处方药合规推广实战宝典 赵佳震 著	对处方药推广体系搭建、推广人员岗位内容等六个方面进行阐述	**医药代理商经营全指导** 戴文杰 著	从产品选择、价格体系设计、路径管理等维度描述代理商产品操作的基本策略
处方药零售这样做 田军 著	处方药零售的重要性及做市场的具体措施和方法	**OTC 医药代表药店开发与维护** 鄢圣安 著	一位从初级 OTC 医药销售代表成长起来的销售经理的经验分享
OTC 医药代表药店销售 36 计 鄢圣安 著	以《三十六计》为线，阐述 OTC 医药代表向药店销售的技巧与策略	**做医生信赖的医药代表** 邹晓徽 宁剑锋 朱文虎 著	医药代表如何在合规要求下做好药品推广工作的操作工具书
三、药企转型			
药企战略·运营与医药产业重构 杜臣 著	医药产业的深度认知与发展趋势结合，战略思考与经营操作相统一	**医药行业大洗牌与药企创新** 林延君 沈斌 著	围绕创新介绍医药行业，介绍近百家医药企业创新实践案例
医药新营销 史立臣 著	从药企最关心的八个方面阐述制药企业、医药商业企业营销模式转型	**医药企业转型升级战略** 史立臣 著	从商业模式转型、管理转型、定位转型、运营模式转型和跨界转型五方面阐述转型
新医改下的医药营销与团队管理 史立臣 著	立足新医改相关政策的解读，为中小医药企业出谋划策	**在中国，医药营销这样做** 段继东 著	时代方略在医药营销领域思想、方法文章的精选合集
四、新医疗			
成为医疗器械领军者 王强 著	中小医疗器械生产企业和代理商怎样转型	**新型诊所经营与创新** 动脉网 著	对新型诊所从标准化管理、经营方式、团队建设、连锁模式四个方面进行解读
医美新风口：颜值经济下的亿万市场 动脉网 著	详细介绍中国医疗美容行业的发展趋势、现状及医美产业链等	**互联网医院：正在发生的医疗新变革** 动脉网 著	介绍互联网医院的建设与运营、管理，发展模式和市场布局，以及发展规律
		快消品	
一、快消案例			
中国快消品营销这些年 史贤龙 著	一本书浓缩快消品营销 15 年的实战历程与前沿思考	**这样打造大单品** 迪智成 著	通过 13 个大案例帮助企业梳理打造大单品的路径
你不知道的加多宝 曲宗恺 牛玮娜 著	以时间为轴线，详细叙述了加多宝品牌的发展历程	**娃哈哈区域标杆** 罗宏文 快车君 赵晓萌 寇尚伟 著	娃哈哈豫北市场如何成为娃哈哈全国第一大市场、全国增量第一的市场
六个核桃凭什么从 0 过 100 亿 张学军 著	全视角深度解读养元企业的裂变成长，复盘十年蜕变轨迹	**像六个核桃一样** 王超 著	六个核桃为什么卖得这么好，产品畅销的 6 大要义 36 条简明法则

续表

书名	内容	书名	内容
5 小时读懂快消品营销 陈海超　著	20 年快消品市场风云洞察解码，丰富的案例解析		
二、快消品区域经理			
快消品营销团队管理 刘雷　伯建新　著	快消品团队管理相关的 20 余个工具 +20 余个案例	**这样打造快消品区域标杆** 罗宏文　牛玉龙　著	分两篇解决如何成功打造标杆市场和进行持续增量管理两大问题
成为优秀的快消品区域经理（升级版） 伯建新　著	作为区域经理的“速成催化器”，升级版增加 11 篇内容	**快消老手都在这样做：区域经理操盘锦囊** 方刚　著	一线成长起来的资深快消品营销人“压箱底”绝活
快消品营销人的第一本书 刘雷　伯建新　著	针对一线厂家业务员工作中常遇到的问题给予建议	**销售轨迹：一位快消品营销总监的拼搏之路** 秦国伟　著	一个普通营销人的故事，16 年背井离乡的职场拼搏之路
快消品营销：一位销售经理的工作心得 2 蒋军　著	从市场操作、团队管理、传播推广、营销的具体策略和战略等方面提供方法	**快消品区域/城市经理全渠道管理** 许翔　著	一位在日化巨头一线打拼多年的城市经理操作经验分享
三、快消品动销			
动销：产品是如何畅销起来的 余晓雷　著	从怎么被消费者买走和竞争对手是谁这两个原点解决动销问题	**动销操盘：节奏掌控与社群时代新战法** 朱志明　著	用七个章节阐述关于动销操盘的要诀，节点、节奏、主次、条件匹配性等问题
动销四维：全程辅导与新品上市 高继中　著	从产品、渠道、促销和新品上市四个方面详细讲解提高动销的具体方法	**快消品经销商这样做才赚钱** 张宇　著	从全新的角度，解读经销商的经营困境，并提供可实操的解决方法
快消新产品成功上市 伯建新　著	新产品是什么？新产品该如何去做？新产品要如何销起来，长销而不是昙花一现？本书给你答案		
四、快消品渠道			
深度分销 施炜　著	渠道价值链、模式选择、渠道策略与管理、零售经销商管理、最佳实践、团队建设	**通路精耕操作全解** 周俊　陈小龙　著	对康师傅的制胜法宝通路精耕进行系统的介绍与说明，图表和完善入微的操作方法
酒水饮料快消品餐饮渠道营销手册 朱伟杰　著	对餐饮渠道深入挖掘，建立适合餐饮渠道发展的服务模式和组织保障措施	**快消品经销商如何快速做大** 杨永华　著	经销商如何通过经营实现规模，通过管理实现规模效益
快消品营销与渠道管理 谭长春　著	解决日常涉及的渠道管理、市场、产品等营销事务	**快消品招商的第一本书** 刘雷　著	从招商理论到招商动作进行系列化分解，化繁为简
采纳方法：化解渠道冲突 朱玉童　著	21 个最新的渠道冲突案例立体地介绍渠道冲突的现象和方法	**快消品促销管理与方案：规划 技能 工具** 张荣举　著	涵盖促销规划、打法、具体落地执行的细节和终端人员技能及训练，结合线上线下运作，提供全套方法
五、快消品企业战略			
重构：升级你的竞争优势 杨永华　著	用 7 大思维，帮你的企业提升档位	**变局下的快消品实战策略** 杨永华　著	从 5 个角度针对快消品企业如何应对行业变局给出答案
新营销 刘春雄　著	让品牌商和渠道商掌握获得独立流量的能力，能够与平台商博弈	**采纳方法：破解本土营销 8 大难题** 朱玉童　著	破解困扰营销人的八大难题，给出解决方法
白酒营销培训宝典：复制高业绩 刘孝鞅　著	总结白酒营销人员系统运作市场的要点，转化为易学可复制的动作和工具表单	**酒水饮料快消品餐饮渠道营销手册** 朱伟杰　著	对餐饮渠道深入挖掘，建立适合餐饮渠道发展的服务模式和组织保障措施

续表

白酒			
书名	内容	书名	内容
白酒营销的第一本书 唐江华　著	多角度阐释白酒一线市场操作的最新模式和方法	白酒经销商的第一本书 唐江华　著	对经销商如何选择厂家、合作、运营品牌等问题给出建议
白酒到底如何卖 赵海永　著	多角度阐释白酒一线市场操作的最新模式和方法	白酒到底如何卖2：从市场培育到动销 赵海永　著	系统化、标准化、模式化的促成动销的实战操作方式和方法
变局下的白酒企业重构 杨永华　著	白酒企业重构期的营销战略与实操策略6大方法	酒业转型大时代 微酒　著	酒水营销、新闻资讯及行业分析、预测的知识宝典
区域型白酒企业营销必胜法则 朱志明　著	以36条法则从战略、营销、推广、产品线、品牌、市场、战术等方面提供方法	10步成功运作白酒区域市场 朱志明　著	从市场攻守、产品攻略、新品上市、占领渠道、促销等十个层面阐述
白酒营销1：中小酒企操盘与崛起 徐伟　徐涛　著	深入分析品牌与行业、操作方法，提供营销实操宝典	白酒营销2：品类创新策略升级 黑格咨询　著	立足行业现状，建立品类创新、营销模式创新路径，提供市场建设方法、营销策略与工具案例
茶·调味品·油·乳业			
营销中国茶：2小时读懂茶叶营销 史贤龙　著	中国茶营销的"困局""破局"和"创举"	中国茶叶营销第一书 柏龑　著	纵览中国茶叶市场的全局，并且有针对性地提出问题并阐述解决方法
调味品营销第一书 陈小龙　著	15年监控中国市场50个中外著名调味品品牌市场运作、管理等的经验总结	调味品企业八大必胜法则 张戟　著	提炼了调味品企业八大规律性的关键成功要素
食用油营销的第一本书 余盛　著	从小包装油行业概述到产品的基本知识，从基本执行动作到品牌整体策划等	鲁花：一粒花生撬动的粮油帝国 余盛　著	鲁花如何成长为优秀的带动农业产业发展的品牌
金龙鱼背后的粮油帝国 余盛　著	以金龙鱼为脉的一部中国粮油行业的史诗	乳业营销的第一本书 侯军伟　著	区域型乳品企业如何才能稳健发展
调味品经销商公司化运营 张戟　著	调味品和快消品经销商如何从"个体户"到"公司化"，一步步推进的具体方法		
工业品			
一、工业品销售			
大客户销售这样说这样做 陆和平　著	大客户销售活动的十大模块，68个典型销售场景	销售是个专业活 陆和平　著	据客户采购流程拆分销售过程十阶段、讲解方法技巧
成为资深的销售经理：B2B工业品 陆和平　著	让销售经理成功把握销售管理6个关键点，并提供工具	一切为了订单：订单驱动下的工业品营销实践 唐道明　著	以订单流程的三个环节为主线讲述工业品营销管理新思路
订单是这样拿到的 郑文洲　著	作者近10年销售生涯的回顾，真实销售故事和成功经验分享		
二、工业品营销			
工业品营销管理实务（第4版） 李洪道　著	是信任导向工业品营销体系的深化版、工业品营销管理体系优化咨询的升级版	工业品企业如何做品牌 张东利　著	为当下中国制造的品牌化转型提供经过实践证明的理念、方法和体系

续表

书名	内容	书名	内容
工业品市场部实战全指导 杜忠　著	解决职能不清、市场部五大职能如何运作、职业发展路径等具体问题	**解决方案营销实战案例** 刘祖轲　著	十大工业品作者实操案例解码解决方案营销
资深大客户经理：策略准　执行狠 叶敦明　著	将大客户经理必须具备的规划、策略、执行三种能力运用自如	**渠道管理就这样做** 陆和平　著	渠道规划和设计、渠道成员选择和寻找、渠道谈判和签约、管理渠道日常活动、设计渠道激励政策、解决渠道冲突、渠道的评估和调整
三、工业品企业			
变局下的工业品企业 7 大机遇 叶敦明　著	探索工业品企业成长的新机会，7 大战略与战术性机会	**两化融合管理体系贯标流程与方法** 戴勇　著	融合五十多家企业在两化融合贯标过程的经验，总结重点与举措
丁兴良讲工业 4.0 丁兴良　著	多角度阐述中国在工业 4.0 的机遇和挑战		
建材家居			
一、建材家居门店			
家居建材促销与引流 薛亮　李永锋　著	对泛家居营销执行模式和工具、关键环节等进行汇总	**新零售动作分解与实操：建材·家居·家具** 盛斌子　著	对泛家居行业趋势、店面管理、团队管理、促销推广、五感营销等提供策略
家具行业操盘手 王献永　著	总结家具终端门店发展的现状及问题并给出策略	**手把手教你做专业督导** 熊亚柱　著	系统梳理督导的核心技能、岗位职责、工作流程及技能
手把手帮建材家居导购业绩倍增 熊亚柱　著	针对建材家居门店的业务人员、案例故事还原场景，教你成为好导购	**10 步成为最棒的建材家居门店店长** 徐伟泽　著	梳理店长管理的核心工作职责、店面管理规范和帮助销售人员成长
建材家居门店销量提升 贾同领　著	9 个板块讲述建材一个单店如何做到经营的良性循环	**建材家居门店 6 力爆破** 贾同领　著	产品力、导购力、形象力、推广力、服务力、组织力
二、建材家居经销商			
新经销：新零售时代教你做大商 黄润霖　著	探访近 100 位经销商在传统营销手法上的创新，传统营销微创新和新营销本地化	**建材家居经销商 42 章经** 王庆云　著	经营管理的心法和战法，帮助经销商成为“业务妙手”和“管理能手”
成为最赚钱的家具建材经销商 李治江　著	针对建材家居行业的经销商，从销售模式、产品、门店、市场等方面给出方法		
三、建材家居企业			
定制家居黄金十年 韩锋　翁长华　著	对中国定制家居行业 20 年发展历程进行深度、系统、专业的解读	**建材家居营销：除了促销还能做什么** 孙嘉晖　著	探索家居建材行业营销的革命，发现行业“营销天花板”的突破口
建材家居营销实务：新环境、新战法 程绍珊　杨鸿贵　著	针对建材家居市场特点提出以客户价值为基础的整体营销价值链	**全屋整装　高利润运营手册** 翁长华　陈平　著	十大维度解决实际问题，是 0 到 1 极具操作性的整装指南
零售·餐饮·服装·影院·美容院			
新零售进化路径 李政权　著	预先复盘新零售及商业的未来，找到方向	**新零售　新终端** 迪智成　著	梳理新零售系统打法并落地在新终端建设上

续表

书名	内容	书名	内容
移动互联下的超市升级 联商网　著	超市未来的发展趋势，对社区超市、生鲜、全渠道建设、O2O等提出观点	**百货零售全渠道营销策略** 陈继展　著	零售行业的竞争重点、行业本质、战略转型、未来趋势、经验和案例
超市卖场定价策略与品类管理 IBMG集团　著	零售企业的市场拓展与商品定位、商品结构与商品陈列、毛利分析与库存分析	**连锁零售企业招聘与培训破解之道** IBMG集团　著	围绕零售企业组织架构、培训体系建设等内容进行探讨
总部有多强大，门店就能走多远 IBMG集团　著	五大方向综合阐述连锁零售企业总部如何提升管理能力	**三四线城市超市如何快速成长：解密甘雨亭** IBMG集团　著	甘雨亭的许多关键经营指标均高于行业标准，学习其成功的方法
中国首家未来超市：解密安徽乐城 IBMG集团　著	对乐城超市的掌门人及内部员工的采访详细阐释了乐城的经验	**零售：把客流变成购买力** 丁昀　著	通过大量的实际案例对中国零售业态的升级转型之路提出思考
餐饮新营销 杨勇　程绍珊　著	聚焦餐饮企业转型，系统的餐饮企业营销管理体系	**电影院的下一个黄金十年** 李保煜　著	介绍了中国电影产业的运作模式及电影院的开发、设计思路
餐饮企业经营策略第一书 吴坚　著	阐述餐饮企业产品之道、市场之道、顾客之道及盈利之道	**赚不赚钱靠店长，从懂管理到会经营** 孙彩军　著	注重专卖店的经营思路拓展，门店管理细节方面能力提升
时装买手自学通 范敏娜　编著	从流行趋势调研、商品企划、采购渠道、数据管理到店铺销售等时装买手需要具备的能力与操盘技巧	**美容院/养生馆高盈利经营模式** 陈鹏飞　著	5步实现店铺高盈利方法与策略
零售巨头数字化转型操盘笔记 江楠　著	一线操盘运营经理分享传统零售巨头的新零售到家业务全盘操作细节		
农牧业			
一、农资			
饲料营销有方法 陈石平　著	饲料营销的7大核心命题	**农资营销实战全指导** 张博　著	在农资市场行之有效的营销策略和工具
新农资如何弯道超车 刘祖轲　著	农业产业化、互联网转型、行业营销与经营突破		
二、农牧企业			
中国牧场管理实战 黄剑黎　著	对牧场管理标准、管理制度、操作规程做出剖析和指引	**中小农业企业品牌战法** 韩旭　著	农业企业需要全产业链视野，更需要品牌实战方法
变局下的农牧企业9大成长策略 彭志雄　著	为农牧企业量身打造了9个立足现在、展望未来的成长策略	**农产品营销实战第一书** 胡浪球　著	针对33个农产品营销的核心问题提供具体招数
农产品全网营销 吴之　著	帮助全国农业合作社、家庭农场打造农产品品牌		
地产·汽车			
一、地产			
中国城市群房地产投资策略 吕俊博　刘宏　著	挖掘主要城市群的现状特征、发展因子、演化趋势、竞争关系等，给出分析建议	**产业园区/产业地产：规划、招商、实战运营** 阎立忠　著	从认知、规划、招商、运营四方面系统解读产业园区的建设精要和运营技巧
人文商业地产策划 戴欣明　著	“全球化视野（创意）”+“人文+”思维	**产业园区/产业地产2：系统化经营与操盘攻略** 阎立忠　著	全方位系统解析产业园区运营策略

续表

书名	内容	书名	内容
从零开始打造产业园区 刘晓君　著	全流程，系统化，注重细节，多角度教你打造产业园区		
二、汽车			
商用车经销商运营实战 杜建君　著	对商用车经销商的经营与管理、4S 店运营做了全方面的系统总结	汽车配件这样卖 俞士耀　著	适合轮胎、机油、维修、快保、美容、洗车等汽车服务业态销售实操办法
润滑油销售：这样说，这样做更有效 张金荣　著	总结润滑油销售面对三大客户常遇到的 200 余个营销问题解决方法	润滑油品牌营销 张金荣　著	没有说教，只有方法，适合小微企业、代工品牌、经销商、营销人阅读
投资理财·收购资本			
交易心理分析 马克·道格拉斯 【美】　著	一语道破赢家的思考方式，并提供了具体的训练方法	财报背后的投资机会 蒋豹　著	零基础轻松掌握财务报表的相关知识，快速入门
写给企业家的公司与家庭财务规划 周荣辉　著	以企业的发展周期为主线，介绍各阶段企业与企业主家庭的财务规划	分股合心 段磊　周剑　著	围绕股权激励，详细介绍相关知识和实行方法
成功并购 300 问 浩德并购军师联盟　著	系统学习资本运作和企业并购知识的金融工具书	并购名著阅读指南 叶兴平　著	从全球 5000 多本并购图书中精选 200 本并进行评价
避开股权合伙这些坑 苏雯静　著	根据创始合伙人、外部合伙人、内部合伙人等方面的实际案例做归纳和梳理	产业并购操盘手 张军杰　著	15 个案例，11 个范本，38 个图表，拿来即用
科创板 IPO 上市全流程指导 丁先云　刘海旭　著	不仅有各项制度的深入剖析，更有各种问题和解决方案的详细论述，配合案例，轻松操作	市值战略：上市公司市值管理有方法 和恒咨询　著	正确理解，系统规划、全面执行市值战略。从“势道法术力”五个维度思考和设计市值战略
阿米巴			
阿米巴经营的中国模式 李志华　著	基于阿米巴经典理念提出了适合中国本土的员工自主经营的“1532”模型	集团化企业阿米巴实战案例 初勇钢　著	作者在某酒厂推行阿米巴经营模式的心得
中国式阿米巴落地实践之激活组织 胡八一　著	划分原则、裂变与整合、组织管控、重新定位、巴长竞聘和组阁	中国式阿米巴落地实践之从交付到交易 胡八一　著	从 6 个方面阐述经营会计，从交付到交易是成功实施阿米巴的标志
中国式阿米巴落地实践之持续盈利 胡八一　著	企业做成平台、平台做成阿米巴、阿米巴做成合伙制		
人力资源管理			
一、绩效·薪酬			
回归本源看绩效 孙波　著	从目的和概念帮助企业梳理绩效管理与经营的关系	走出薪酬管理误区 全怀周　著	从7个常见的薪酬误区入手为企业提供一套系统解决方法
曹子祥教你做绩效管理 曹子祥　著	作者核心授课课程的还原，掌握绩效管理的核心内容	曹子祥教你做激励性薪酬设计 曹子祥　著	作者 28 年咨询经验总结，如何进行科学的薪酬体系设计
把招聘做到极致 远鸣　著	资深招聘经理多年工作心得的提炼	把招聘做到极致 2：灰度招聘全攻略 黄渊明　李佳倩　著	从实战需求出发，兼容并包各种优秀的招聘理论、方法、经验与工具，并进行创新性的应用

续表

书名	内容	书名	内容
二、招聘·面试·培训			
把面试做到极致 孟广桥　著	一套实用的确定岗位招聘标准，提升面试官技能方法	**世界500强资深培训经理人教你做培训管理** 陈锐　著	构建培训体系、培训组织、培训文化、开发培训资源，教你做培训管理
把猎头做到极致 李佳倩　黄渊明　著	帮助猎头顾问从平庸走向优秀	**招聘面试：用提问得到真相** 陈硕　著	十二年资深HR招聘面试经验分享，教你学会如何提问
人才评价中心漫画版 邢雷　著	用漫画形式写成的人才测评专业书籍	**上市公司培训体系搭建** 初忠宝　著	上市公司培训经理分享体系搭建的框架和案例
三、HR高管·劳动法			
经营型HRD 黄渊明　著	总结企业HRD如何支撑企业经营，抓好七件关键事情	**人才供应链：实现高绩效均衡的人才管理模式** 许锋　著	打造人才供应链的四大支柱、十项修炼的完整体系
新任HR高管如何从0到1 新海　著	到互联网创业型企业担任HRVP，从0到1建立较完善的HR体系	**人力资源体系与e-HR信息化建设** 刘书生　陈莹　王美佳　著	6大框架、28个关注点、5大目标、6大优势、166个交付物咨询体系和盘托出
集团化人力资源管理实践 李小勇　著	针对集团型企业人力资源管理的问题提出科学建议	**我的人力资源管理笔记** 张伟　著	第三方咨询视角跳出“技术方法”看人力资源管理
人力资源的5分钟劳动法 李皓楠　著	入职管理、在职管理、离职管理中遇到的劳动法问题及应对	**海外人力资源管理：帮企业成功“走出去”** 黄渊明　著	弥补了中国企业海外人力资源管理实践体系建设的空白，具有开创性意义
从零开始学：胜任力模型建模与应用 林丽萍　著	手把手教你做胜任力建模，并通过大量的企业案例拆解介绍模型在各个方面的落地应用	**上市公司总经理助理工作笔记** 黄娜　著	40个案例，教你从小白助理到资深总助
用好任职资格体系 杨序国　著	以某企业为案例，系统地介绍了企业HR如何通过任职资格体系帮助员工成长	**胜任力模型咨询笔记** 韩文卿　著	吸取和总结了世界500强企业的胜任力模型搭建体系和方法
三支柱与业务型人力资源部建设 段凤鸣　著	从专业型HR走向业务型HR，有效提高HR在企业绩效中的贡献值		
四、HRBP			
HRBP是这样炼成的之菜鸟起飞 黄渊明　著	作者在初步转型HRBP两年时间里摸索实践的亲身经历与总结	**HRBP是这样炼成的之中级修炼** 黄渊明　著	结合作者亲身从事HRBP的工作经历，总结HRBP的作战故事
HRBP高级修炼 黄渊明　著	故事方式，HRD角度深度呈现运用HRBP的思维、方法		
企业文化			
企业文化落地本土实践 王祥伍　著	华夏基石“知信行”模型描绘企业文化落地路线图	**企业文化的逻辑** 王祥伍　著	从文化起源深刻剖析文化、效率、企业、企业文化联系
企业文化定位·落地一本通 王明胤　著	企业文化理念传播和落地聚焦的17种方法，解读了近100个实战案例	**36个拿来就用的企业文化建设工具** 海融心胜　著	汇集整理了36个通用的企业文化实践工具
企业文化激活沟通 宋杼宸　安琪　著	系统阐述沟通与企业文化的关系，给予企业提升沟通效能的企业文化解决方案	**企业文化建设超级漫画版** 邢雷　著	用漫画形式写成的企业文化建设专业书籍，理论体系和29个具体的操作方法
在组织中绽放自我 朱仁建　著	个人与组织之间的关系，文化对组织化形成的影响	**用企业文化提升经营绩效** 彭剑锋　尚艳玲　主编	企业要想在竞争中利于不败之地，就不能没有能打胜仗的企业文化与领导力
企业文化建设与咨询工具　案例 尹宏亮　著	着眼难题，为企业“把脉”做诊断		
流程管理			
营销·研发·供应链业务架构与流程管理 谭勋晖　著	营销、研发、供应链三大业务流程变革实践经验总结	**打造集成供应链** 王春强　著	第一用力在“集成”上，梳理内外部相关模块及其依赖关系